사회복지현장실습 매뉴얼

조성심

KNOWLEDGE COMMUNITY 공동체

머리말 | PREFACE

사회복지현장실습은 사회복지 전체 교과목의 꽃이라 할 수 있다. 실습생들은 사회복지 관련 필수 교과목을 학습하고 현장실습을 통해 습득한 지식을 사회복지실천 현장에서 구체적으로 적용해 봄으로써 예비사회복지사로서의 자신의 역량 수준은 물론 사회복지사의 역할 수행이 무엇인지 이해하게 된다.

몇 해 전 중앙일보는 우리나라에서 사회복지학을 가장 잘 가르치는 대학으로 서울여자대학교를 선정했다. 그 이유 중 하나가 사회복지현장실습이 기초와 심화과정의 필수 교과목으로 이루어져 있어 두 단계 실습을 통해 현장 맞춤형 사회복지사를 배출해 낸다는 것이었다. 두 단계의 실습은 기초실습을 통해 사회복지현장을 이해하고 자신의 부족한 역량을 더 강화하게 되는 계기가 되며, 심화실습은 더 나아가 자신의 진로를 결정하는 데 중요한 계기가 된다. 최근 사회복지현장실습을 두 단계로 나누어서 실시하고 있는 대학이 늘어가고 있다.

사회복지현장실습의 목적은 현장실습을 통해 사회복지사의 역할을 습득하고 실무경험을 통하여 경험적 학습을 수행하여 현장감을 익히는 것으로 사회복지학의 핵심교육과정이다. 그런데 사회복지학과 학생들이 3학년이 되면 공통으로 하게 되는 고민 중 하나가 사회복지 현장실습에 대한 것이다. 구체적으로 사회복지현장실습지 선정과 실습을 나가기 전 어떤 준비를 해야 하는지 또 실습지에서 받게 되는 교육내용과 실습과제 등 실습내용에 관한 것이다. 이러한 고민은 대학에서 교과목으로 수업시수가 배정되어 한 학기 동안 수업이 이루어지게 되면 다소 해결이 가능하지만, 수업이 아닌 간단한 오리엔테이션으로 진행되면 실습에 대한 두려움을 가지고 실습에 임하게 된다.

본 책은 전체 4장으로 구성되어 있다.

제1장은 사회복지현장실습 기본 개요로 사회복지현장실습에 대한 이해와 교육내용, 관련 규정, 실습생의 자세와 태도 및 가치로 구성되어 있다. 본 장을 통해 사회복지현장실습 기준과 실습 내용 및 교육내용, 실습관련 규정, 실습생으로 임하는 자세와 태도 및 가치 등을 학습할 수 있다.

제2장은 사회복지현장실습의 단계별 내용으로 초기단계, 중간단계, 종결 및 평가단계로 구성되어 있다. 본 장은 실습 전 단계를 비롯하여 단계별 실습생과 실습기관, 대학에서 준비하고 다뤄야 할 내용을 살펴보았다.

제3장은 사회복지현장실습을 위한 사회복지실천 기초지식으로 자신에 대한 이해, 실천에 대한 이해, 사례관리, 프로그램 기획, 기록으로 구성되어 있으며 실습 시작 전 꼭 습득하고 가야 할 중요한 내용이다. 본 장은 사회복지를 전공하는 자로서 선행되어야 하는 자신에 대한 이해와 개인 및 집단실천, 사례관리를 위한 단계별 과정을 자세히 살펴보았다. 또한 사회복지학과 학생들이 가장 어려워하는 프로그램 기획을 단계별 과정으로 자세히 정리하였으며 기록의 종류와 기록 방법 등을 살펴보고 그 예시를 제시하였다.

제4장은 사회복지현장실습의 실제로 실습일정과 실습내용, 실습일지 작성, 실습과제 유형 및 과제 작성 예시로 구성되어 있다. 본 장은 다른 교재와 차별화된 내용으로 사회복지현장실습에서 공통으로 수행하게 되는 실습일지와 실습 단계별 부여되는 과제들에 대해 그 예시를 자세히 제시하였다.

본 책은 실습생들의 실습에 대한 두려움을 다소 해소해 주고 실습 전 반드시 익히고 실습에 임해야 할 내용으로 구성함으로써 사회복지현장실습을 보다 충실히 임할 수 있도록 하기 위한 목적으로 집필되었다. 무엇보다 제4장의 사회복지현장실습의 실제는 저자의 지도 학생들의 실제 실습 내용을 예시로 구성하여 조금이라도 실습에 도움이 되고자 실습생의 입장에서 집필하였다. 따라서 본 책은 사회복지현장실습을 앞두고 있거나 실습 중인 학생들이 활용할 수 있는 지침서로써 활용될 수 있길 바란다.

마지막으로 책의 발간을 위해 기꺼이 사회복지관의 실습 관련 교재를 참고로 제공해 준 창동종합사회복지관의 최영대 관장님과 강민정 부장님께 감사의 마음을 전한다. 또 본인의 실습 내용을 흔쾌히 공유해 준 자랑스러운 제자 김예영, 우희원, 정다희, 엄채현에게 감사와 고마운 마음을 전한다.

Social Welfare

목차 | CONTENTS

부 록

CHAPTER Social Welfare

1 사회복지현장 실습 기본 개요

CHAPTER 1 Social Welfare

사회복지현장실습 기본 개요

제 1 절 사회복지현장실습에 대한 이해

1. 사회복지현장실습의 목적 및 필요성

사회복지학은 인간에 대한 이해와 관심을 토대로 전문적 지식과 기술을 적용하여 인간의 삶을 변화시키는 실천학문이기 때문에 사회복지현장실습은 사회복지학의 교육과정 중 핵심적인 교과과정으로 간주된다. 따라서 사회복지현장실습은 사회복지 교과목 중에서 가장 많은 교육시간을 할당하여 학생들이 실천현장의 직접적인 실무경험을 통해 경험적 학습을 수행할 수 있도록 하고 있다.

사회복지현장실습은 학교에서 습득한 지식을 사회복지실천현장의 실제 상황에 적용해 봄으로써 사회복지실천현장에 대한 이해를 높이고 예비사회복지사로서의 정체감과 사명감을 확립하여 유능하고 전문적인 사회복지사로서의 역량을 갖추도록 하는 것에 그 목적이 있다(김선희 · 조휘일, 2000). 이러한 목적을 달성하기 위해서는 학교에서 이론으로만 터득한 학문적 지식과 기술을 바탕으로 실제로 현장에서 이루어지고 있는 사회복지 서비스의 계획과 실행 및 평가에 참여하여 전반적인 사회복지 실무에 대한 교육과 훈련을 받을 수 있는 기회를 사회복지현장실습을 통해 제공해야 할 필요성이 있다. 그러므로 사회복지현장실습은 사회복지의 교육과 훈련에 적합한 사회복지실천현장에 학생을 배치하여 실습기관의 실습지도자(슈퍼바이저)로부터 슈퍼비전을 통해 사회복지사로서의 업무 능력을 갖게 되는 실무를 경험하게 하는 것이다.

한국사회복지사협회에서 제시하는 사회복지현장실습의 목적은 사회복지실천의 가치 및 윤리, 지식 그리고 사회복지실천과정 및 기술을 사회복지실천현장에 실제

로 적용하는 현장실습을 통해 전문직의 사명감과 실천능력을 겸비한 사회복지사를 교육, 훈련하는 것으로 정의하고 있으며, 이를 달성하기 위한 목표는 다음의 |그림 1-1|과 같이 제시하고 있다(한국사회복지사협회, 2019).

사회복지현장실습 교육의 목표

- 사회복지현장에서 예비사회복지사로서 사회복지 가치 및 윤리강령, 지식 및 기술을 적용할 수 있다.
- 클라이언트체계의 욕구와 어려움 확인, 정보수집 및 사정, 개입계획 수립 및 실행, 평가의 전 과정을 수행할 수 있다.
- 지역사회 내 위험집단 및 표적집단의 특성, 강점과 자원을 파악하고 이를 활용할 수 있다.
- 사회복지시설 및 조직의 사명, 관련 정책 및 행정을 이해하고 이를 실천에 적용할 수 있다.
- 사회복지실천현장과 관련된 중앙정부 및 지방자치단체의 사회복지정책 및 전달체계를 분석하고 실천에 적용할 수 있다.
- 전문 사회복지 인력으로서 적성 점검 및 자기이해를 높이는 과정을 통해 전문적 자기인식과 전문직 정체성을 형성한다.
- 사회복지실천현장 및 분야에 대한 이해를 높이고 실습 내용을 학문적으로 이해하고 통합할 수 있다.
- 사회복지사로서 자신의 진로를 결정하는 기회를 가진다.

|그림 1-1| 사회복지현장실습 교과목의 목표

2. 사회복지현장실습의 기준[1)]

1) 기관실습

(1) 기관실습 시간은 **160시간 이상**으로 할 것

(2) 기관실습 실시기관은 다음의 요건을 모두 갖추었을 것

① 사회복지사업을 수행하는 기관, 법인, 시설 또는 단체일 것

② 보건복지부장관으로부터 선정되었을 것

③ 다음의 요건을 모두 갖춘 기관실습 지도자가 2명 이상 상근할 것

가. 1급 사회복지사 자격증을 취득한 이후 3년 이상의 사회복지사업 실무경험이 있거나 2급 사회복지사 자격증을 취득한 이후 5년 이상의 사회복지사업 실무경험이 있을 것

나. 기관실습이 실시되는 연도의 전년도에 8시간 이상의 보수교육을 받았을 것

(3) 기관실습 지도자 1명이 동시에 **지도할 수 있는 학생 수는 5명** 이내, 실습지도자 **근로 시간 내 실시**, 하루 이수 가능 시간은 **최소 4시간 이상 최대 8시간 이하** 일 것

2) 실습세미나

(1) 1회당 2시간 이상의 **실습세미나를 총 15회 이상 실시**할 것

※ 온라인 교육을 실시하는 교육기관의 실습세미나에는 **대면 방식의 세미나가 총 3회 이상 실시(주 1회 초과할 수 없음)**되어야 한다.

(2) 학사, 석사 또는 박사 학위 중 2개 이상의 학위를 사회복지학 전공으로 취득한 사람으로서 3년 이상의 사회복지학 교육경험 또는 3년 이상의 사회복지사업 실무경험이 있는 교수가 지도할 것

(3) 한 세미나에 참여하는 **학생 수는 30명 이내**일 것

---

1) 사회복지사업법 시행규칙 일부개정에 의거한 내용임. 2020년 1월 1일 이후 모든 교과목(사회복지필수)을 수강하는 경우 해당. 2020년 1월 1일 이전 수강자의 경우 개정 전 시행규칙 적용됨. 구체적인 내용 부록 수록

3) 실습평가

기관실습 지도자가 부여한 평가점수와 실습세미나 교수가 부여한 평가점수를 합산한 최종 평가점수를 실습세미나 교수가 부여한다.

4) 기 타

위 1)항부터 3)항까지에서 규정한 사항 외에 기관실습 실시기관의 선정 · 선정취소, 사회복지현장실습의 내용 및 방법 등에 관한 구체적인 사항은 보건복지부장관이 정하여 고시한다.

3. 사회복지현장실습의 구성요소

실습은 실습기관(사회복지전문기관), 실습지도자, 교육기관(학교), 실습생으로 구성된다. 성공적인 사회복지현장실습이 되기 위해서는 각 구성요소들의 상호 보완적이고 유기적인 관계 속에서 진행되어야 한다. 각 구성요소들에 대한 자격기준 및 수행해야 할 내용들은 다음과 같다.

1) 실습기관

사회복지현장실습을 실시할 수 있는 기관은 **2020년 1월 1일부터 소정의 선정요건을 갖춘 후 보건복지부장관의 선정**을 받아야 한다. 관련된 기관의 기준과 기본 요건, 기관 선정 시 고려해야 할 사항 등을 살펴보면 다음과 같다.

첫째, **실습기관에 대한 법적 기준**은 사회복지 사업법 시행규칙에 의거한다.

※ 사회복지사업법 시행규칙 제3조 제2항에 따른 보건복지부장관의 선정을 받은 곳

실습기관 사례

- 사회복지사업을 수행하는 사회복지기관, 사회복지법인·사회복지시설
- 사회복지사업과 관련된 기관 및 단체
  - 사단법인·재단법인 : 관청의 허가를 받은 단체로 사회복지사업을 목적으로 하는 비영리 단체
  - 공공기관 : 지방자치단체, 자원봉사센터 등
- 보건복지부장관은 **사회복지현장실습의 기관실습**을 실시할 수 있는 기관, 법인, 시설 또 단체를 **매년 1회 이상 선정 공고**
- 사회복지서비스를 제공하는 병원, 상담소, 학교, 교정기관, 조사연구기관, 시민사회단체 등

  ※ 실습기관은 반드시 법적 기준에 따른 **실습지도자자격을 가진 사회복지사가 2명 이상 상근**할 것

출처 : 한국사회복지사협회(2020).

- 사회복지사업법 제2조에 관련되는 시설 기관 및 단체(필수요건)

  (인가 및 신고 된 기관으로 2인 이상 사회복지사가 상근하는 사회복지 관련 기관)
- 자격 있는 실습지도자가 있는 기관(필수요건)
- 사회복지현장실습 교육 지침서에 준하여 실습지도가 가능한 기관
- 실습지도자에게 업무조정 또는 인센티브를 줄 수 있는 기관
- 대학과 실습기관의 실습교육자 간담회에 참석할 수 있는 기관

  ※ 재직 중인 곳에서의 실습은 한국사회복지사협회에서 권장하지 않음

  ※ 어린이집은 사회복지현장 실습 불가

  ※ 사회복지현장실습 선정기관 확인 : 한국사회복지사협회 자격관리센터 공지사항 참고 http://lic.welfare.net/lic/ViewLicNotice.action

둘째, 위 내용 외 **실습기관이 갖추어야 하는 기본 요건**은 다음과 같다(강철희·최소연, 2005).

① 실습은 **기관의 공식 업무**로 규정되어야 한다. 이는 실습을 기관 업무의 일부로 간주하여 이에 대한 계획, 실행, 평가의 과정을 거치는 것으로 각 기관의 사업

계획서상에도 명시되어야 한다.

② 실습지도자에 대한 업무조정을 통해 실습을 보다 체계적으로 구성해야 한다. 업무과정으로 실습지도에 어려움을 겪고 있는 실습지도자들의 고충을 감안할 때 실습은 사회복지사의 기관 공식 업무로 인정되고 인식되어야 한다.

③ 실습에 대한 명료한 목적을 전 직원이 공유할 수 있어야 한다. 사회복지실천의 중요한 핵심 교육과정으로서의 실습에 대한 직원들의 공통된 이해를 통해 실습교육 본연의 목적을 달성해야 할 것이며, 실습생을 잠시 기관의 인력보충 방편으로 바라보는 시각과 행동을 교정해야 한다.

④ 실습지도자에 대해 실습 관련 교육의 기회를 제공할 수 있는 공식적인 지원이 필요하다. 실습지도자가 실습지도를 하기 위한 지식과 기술을 점검하고 향상시킬 수 있는 다양한 교육과 훈련의 기회를 제공하여야 한다. 이는 실습지도뿐만 아니라 조직의 인적 자원 관리 측면에서도 매우 유용하다.

⑤ 실습과 관련하여 실질적인 **실습지도를 위한 공간이 확보**되어 있어야 한다. 실습공간의 확보는 실습이 차지하는 중요도를 가늠하는 척도로서 미래 사회복지사에 대한 교육과 훈련이 보다 체계적으로 실행될 수 있도록 해야 한다.

셋째, 실습기관을 선정함에 있어서 고려해야 할 점은 다음과 같다(서홍란·이경아, 2006).

① 사회복지전문직의 윤리와 가치에 부합되는 사회복지기관

② 기관이 위치한 지역사회 안에서 전문성을 갖고 본연의 역할을 수행하고 있다는 평판을 받는 기관

③ 기관의 실무자가 전문교육을 받고 실습교육에 대한 이해와 존중 및 책임을 수행할 의지와 능력을 가지고 있는 기관

④ 실습교육에 대해 전문적 교육과정 및 지도·감독을 수행할 준비가 되어있는 기관

2) 실습지도자

사회복지현장실습과 관련된 실습지도자의 자격요건 및 역할을 살펴보면 다음과 같다(한국사회복지사협회, 2019).

첫째, 실습지도자의 자격요건은 사회복지 사업법 시행규칙(보건복지부, 2019)에 의거하며 다음과 같다.

실습지도자 자격기준 예시

- 사회복지사 1급 자격증을 취득한 이후 3년 이상 사회복지 실무경험자
- 사회복지사 2급 자격증을 취득한 이후 5년 이상 사회복지 실무경험자
- 사회복지사 2급 자격증을 취득한 이후 4년 사회복지 실무경험이 있고, 1급으로 승급 후 사회복지 실무경력이 1년 이상인 경우 최초 자격증을 취득한 2급 교부 날로부터 5년 이상 실무경험이 있음으로 인정 가능
- 기관실습이 실시되는 연도의 전년도에 8시간 이상의 보수교육을 받았을 것

출처 : 한국사회복지사협회(2019).

① 사회복지사 1급 자격증 소지자(필수조건)

② 해당 분야의 실무경력 최소 3년 이상인 자(필수조건)

(사회복지사 2급 자격증 소지자는 5년 이상 실무경력이 있는 자)

③ 실습이 실시되는 연도의 전년도 8시간 이상의 보수교육을 받았을 것(필수조건)

④ 당해 기관의 근무경력이 최소 1년 이상인 자

⑤ 실습지도에 관한 교육을 이수한 자

⑥ 실습생과 동등 이상의 학력 소지자

둘째, 실습지도자로서 가져야 하는 윤리는 다음과 같다(한국사회복지사협회, 2010).

① 실습지도자는 개인적인 이익 추구를 위해 자신의 지위를 이행해서는 안 됨

② 실습지도자는 전문적 기준에 의해 공정하게 책임을 수행하며, 실습생에 대한 평가는 실습생과 공유해야 함

③ 실습지도자는 실습생에 대해 인격적, 성적 수치심을 주는 행위를 해서는 안 됨

④ 실습지도자는 보다 내실 있고 전문적인 실습지도를 위해 한국사회복지사협회 등 관련 단체에서 진행하는 실습지도자를 위한 교육을 통해 실습지도자로서의 전문 지식과 기술, 능력을 향상시킬 수 있도록 노력해야 함

생각해 봅시다!

Q1. 실습생 입장에서 생각하는 Best 슈퍼바이저는 어떤 분일까요?

순위	내용	이유
1		
2		
3		
4		
5		

Q2. 실습생 입장에서 생각하는 Worst 슈퍼바이저는 어떤 분일까요?

순위	내용	이유
1		
2		
3		
4		
5		

출처 : 안정선 외(2010).[2]

3) 교육기관(학교)

사회복지현장실습교육을 수행하게 되는 학교는 사회복지에 대한 이론적 교육이 실천현장에서 어떻게 이루어지고 적용되는지에 대해 실습의 기회를 제공하여 사회복지실천현장을 간접적으로 경험할 수 있도록 해야 하며 구체적인 지침은 다음과 같다.

2) <참고자료 1> "이런 슈퍼바이저 좋아좋아 & 싫어싫어" 참조

첫째, 교육기관인 학교는 사회복지현장실습 지침에 준하여 실습지도가 가능한 교육기관으로 사회복지현장실습 전담 실습지도교수가 배치되어 있어야 한다.

둘째, 실습을 지도하는 교수는 다음의 기준을 충족해야 한다.

실습지도교수 자격기준

① 사회복지사 1급 자격증 소지자
② –1) 석사학위 소지자의 경우 : 교육과정 중 최소 한 학기 이상 실습을 받은 경험이 있거나, 사회복지기관에서 5년 이상 근무하면서 실습지도의 경험이 있는 자
② –2) 박사학위 소지자의 경우 : 교육과정 중 최소 한 학기 이상 실습을 받은 경험이 있거나, 사회복지기관에서 1년 이상 근무하면서 실습지도의 경험이 있는 자
※ 학사, 석사 또는 박사 학위 중 2개 이상의 학위를 사회복지학 전공으로 취득한 사람으로서 3년 이상의 사회복지학 교육경험 또는 3년 이상의 사회복지사업 실무경험이 있는 교수가 지도할 것

출처 : 한국사회복지사협회(2010; 2019).

※ 참고 : 현장 실무경험이 풍부한 실습지도 전임교수를 채용하여 가능한 한 전임교수가 실습지도를 담당하도록 권장함

셋째, 이외 학교와 실습지도교수는 다음과 같은 내용으로 실습교육지도를 하여야 한다.

① 학교에서는 실습교육의 목적과 목표가 성취될 수 있도록 실습교육 전반에 대한 책임을 맡는다.

② 실습지도교수는 실습기관과 실습지도자 선정에 있어 학생들에게 충분한 정보를 제공하고 실습생의 교육욕구 및 학습목표에 부합되며, 동시에 실습기관의 업무에 기여할 수 있도록 기관과 실습생을 연결해 주는 등 실습에 대한 준비를 철저히 시킨다.

③ 실습지도교수는 실습생의 실습과제 수행 정도에 대한 평가를 하기 위하여 실습기관방문 및 실습지도자와 수시 연락을 유지하면서 실습세미나를 통해 실습생의 발전 정도를 모니터링 한다.

④ 학교에서는 실습의 종료 후 실습기관 및 실습지도자에 대한 평가를 통해 실습교육의 목표달성과 질 등을 점검하고 다음 학기에도 실습기관으로서의 관계를 가질 것인가에 대해 평가한다.

넷째, 실습세미나를 개최하여야 한다.

① 1회당 2시간 이상의 실습세미나를 총 15회(30시간) 이상 실시

② 실습지도교수로서의 자격을 갖춘 자가 지도할 것

③ 한 세미나 참여 학생은 30명 이내일 것

4) 실습생

사회복지현장실습은 사회복지사 자격증을 취득하는 데 필수적(사회복지현장실습이라는 과목명으로 수강신청이 되어야 하고, 3학점이 부여되며, 추후 성적증명서에 기재되어 있어야 함)이다. 실습생의 자격기준은 다음과 같다.

첫째, 교육기관에서 지정하는 **실습 전 선수과목을 이수**하되, 다음 아래의 과목 중심으로 4과목 이상 이수를 권장한다.

이수해야 할 교과목

- **아래 과목 중심으로 4과목 이상 이수 권장**
  사회복지학개론 , 인간행동과 사회환경, 사회복지실천론, 사회복지실천기술론, 지역사회복지론, 사회복지정책론, 사회복지행정론, 사회복지조사론, 사회복지법제와 실천, 프로그램 개발과 평가[3] 등
- **실습기관의 기준[4]에 따라 아래 과목 중심으로 2과목 이상 이수 권장**
  노인복지론, 장애인복지론, 아동복지론, 청소년복지론, 가족복지론, 여성복지론, 학교사회복지론, 의료사회복지론, 국제사회복지론, 사회복지와 문화다양성, 복지국가론, 가족상담과 가족치료, 사회복지윤리와 철학, 정신보건사회복지론 등

출처 : 한국사회복지사협회(2019).

---

3) 기관에 따라 '프로그램 개발과 평가' 교과목을 이수한 자를 실습생으로 선발함

4) 실습기관 중 노인복지관, 장애인복지관, 학교, 병원 등은 해당 분야 교과목 수강을 권장 혹은 필수교과목으로 이수 권장

둘째, 실습생은 실습기관에서 일하게 되면서 실습생의 지위 및 그에 따른 역할 수행에 있어 혼란을 겪는다. 실습생의 중요한 역할은 해당 기관에서 주어지는 실습 과제를 수행하면서 어떤 경우에는 직원의 역할이나 자원봉사자와 같은 정도의 역할을 경험하기도 한다. 하지만 실습생은 학습계약에 의한 실습기관의 지도·감독과 업무수행에 대한 평가를 받기 때문에 자원봉사자와는 엄연히 다르다. 또한 실습생은 기관 직원의 업무나 책임 할당량을 수행하는 것이 아니기 때문에 자신의 위치에 대해 때때로 회의를 느끼기도 한다. 실습생은 기관에서 전문적인 책임을 동반한 학습경험을 하는 것이기 때문에, **자신의 역할모호성이나 정체성 등 실습과정에서의 다양한 어려움**을 겪게 된다면 **실습지도자나 실습지도교수와 의논**을 하는 것이 바람직하다.

셋째, 실습생은 실습의 중요성과 비중에 대해 철저하게 인식하고 자신의 실습목표를 구체적으로 작성하여 **실습계획**을 세워야 하며, 충실하게 **실습과제를 수행**해야 한다. 또한 동료실습생을 통한 간접경험으로 보다 더 적극적인 실습경험을 하도록 해야 한다.

넷째, Munson(2002)은 다음과 같이 **슈퍼바이지로서의 권리장전**(Bill of Rights)을 제시하고 있다. 즉, 실습생은 실습기간 동안 다음과 같은 권리를 가진다.

① 슈퍼바이저로부터 지속적이고 정기적인 간격[5]을 둔 슈퍼비전을 제공받을 권리가 있다.
② 개인 사생활을 존중하는 성장중심 슈퍼비전을 받을 권리가 있다.
③ 기술적으로 정통하며 이론적으로 현실적 기반을 둔 슈퍼비전을 받을 권리가 있다.
④ 직무수행에 대한 실제적인 관찰에 기반한 평가와 미리 분명하게 설계된 기준에 의해 평가될 권리가 있다.
⑤ 임상적 실천에 대한 적절한 기술과 슈퍼비전에 대한 충분한 훈련이 된 슈퍼바이저로부터 슈퍼비전을 받을 권리가 있다.

---

5) 슈퍼비전은 일일, 주간, 중간, 최종 등 개별, 집단 슈퍼비전을 정기적인 간격으로 받아야 함

생각해 봅시다!

Q1. 여러분은 어떤 실습생이 간 큰 실습생이라고 생각하나요?

순위	내용	이유
1		
2		
3		
4		
5		

Q2. 여러분은 어떤 실습생이 훌륭한 실습생이라고 생각하나요?.

순위	내용	이유
1		
2		
3		
4		
5		

출처 : 안정성 외(2010).[6]

4. 사회복지현장실습의 내용

사회복지현장실습은 사회복지학의 이론적 실천을 토대로 일반주의 실천가(generalist social worker)를 양성하는 데 초점을 두고 있다. 대부분의 실습기관에서는 Fortune (1994)의 실습지도의 핵심적 내용 및 기술모델 및 Kadushin의 슈퍼비전의 기능적 요소에 따른 실습내용을 근거로 실습을 지도하고 있다. 구체적으로 살펴보면 다음과 같다.

6) <참고자료 2> "바람직한 슈퍼바이지" 참조

1) 실습지도의 핵심적 내용 및 기술 모델(Fortune)

사회복지현장실습지도의 핵심적 내용은 주로 개인 및 가족 그리고 집단과의 직접 실천에 관한 내용이 포함되며, 모든 사회복지사가 활용하는 전문적 기술 그리고 서비스 전달조직 및 지역사회 자원을 활용하는 데 필요한 지식을 포함한다. 이러한 핵심적 내용과 기술은 실습생은 물론이고 실습기관의 사회복지사들도 기본적으로 학습해야 할 것들이다. 따라서 모든 사회복지기관들은 가장 기본적인 슈퍼비전의 내용을 구축하고 또한 지속적으로 환경변화에 따른 슈퍼비전 내용을 개발해야 하고 발전시켜야 한다.

Fortune(1994)의 실습지도의 핵심적 내용 및 기술모델은 크게 <u>다섯 가지 영역의 핵심내용</u>을 제시하고 있는데, 이를 토대로 한 슈퍼비전 내용과 세부과업을 제시해 보면 <표 1-1>과 같다.

<표 1-1> 내용 모델의 주요내용 분류와 과제 예시

영 역		슈퍼비전 내용	세부 내용의 예
전문적 발달을 위한 교육내용	⇨	• 가치 및 윤리적 사명감 • 인간의 다양성 존중 • 사회 및 경제 정의 증진의 사명감 • 자기인식 • 전문적 성장의 책임감 • 효과성 평가	• 전문직의 가치, 윤리, 기능 등의 내면화 • 클라이언트와 관련된 윤리적 이슈 인식 • 사회복지 가치에 대한 사명감 증진 • 자기인식, 강점과 약점 분석 • 사회복지사로서의 전문적 성장에 대한 독려, 자기개발강조 • 사회복지사로서의 자신의 활동에 대한 평가
행정적 측면의 지식 및 기술	⇨	• 기관 사명 이해 • 기관 구조 파악 • 관료주의 내에서의 기능하는 방법 • 기록유지와 기록 활동	• 기관의 사명과 철학의 이해 • 일반사회복지의 목적과 사명의 이해 • 기관의 조직과 담당업무에 대한 이해, 조직 분석 • 기관 내부 조직의사소통 유형 • 사회복지사로서의 업무할당량과 업무권한 설정 및 조정 • 기관 내의 기록양식 활용과 유지
정책적 측면의 교육 내용	⇨	• 사회복지정책 • 지역사회에 관한 지식 • 서비스 전달체계의 지식	• 기관에 영향을 주는 중앙과 지방정부의 사회복지정책 지도 • 사업 관련 법률과 법 절차, 규정안 등에 대한 지도 • 지역사회 정보와 서비스 이용방법, 자원조사 • 사회복지서비스 연계망 이해, 관련 조직 이해 • 지역사회자원연계 및 의뢰절차, 접수과정 등에 대한 이해

기본적 대인 관계 기술	⇨	• 대인관계적 의사소통 기술 • 동료와의 관계기술	• 동료들과 일할 수 있는 능력 강화 • 팀워크 향상을 위한 집단과제 부여 • 클라이언트 문제해결을 위해 상사, 동료, 타부서 등과 협력하도록 지도
클라이언트 체계 개입을 위한 일반적 기술	⇨	• 인간행동과 다양성 지식의 적용 • 면접 기술 • 사정 기술 • 개입 계획 및 적용 기술 • 평가 기술 • 종결 기술 • 집단에의 개입 기술 • 의뢰와 사례관리 기술 • 옹호 활동	• 사회복지사로서의 개별면접, 집단지도 기술 • 사회복지프로그램 기획, 운영, 종결 기술 • 사회복지개입의 효과성 평가 지도 • 사회복지사로서의 사정 기술 • 지역사회로부터의 욕구 파악 • 클라이언트에 대한 적절한 정보수집 지도 • 사회복지사로서 중재, 갈등 해결, 옹호 기술 • 사회복지사로서 클라이언트체계에 개입할 수 있는 기술 및 전략 지도 • 사례에 대한 케이스 컨퍼런스 및 피드백

출처 : 이시연(2000); 태화기독교사회복지관(2003)

2) 실습지도의 기능적 요소에 따른 실습 내용(Kadushin)

실습지도는 Kadushin(1976)이 정립한 슈퍼비전의 기능적 요소인 행정적, 교육적, 지지적 슈퍼비전에 따라 그 내용이 구성되며 다음 <표 1-2>의 내용과 같다. **행정적 슈퍼비전**은 실습생에게 작업 환경을 제공하는 목표를 갖고 조직의 구조와 사회복지사의 업무를 도울 수 있는 기관 자원에 어떻게 접근하는지에 대한 방법을 제공하는 것으로 실습생이 효율적으로 과제를 수행할 수 있도록 한다. **교육적 슈퍼비전**은 실습생의 업무능력 개선을 목표로, 업무에 필요한 지식과 기술을 제공하는 것으로 자질 있고 능력 있는 사회복지사를 양성하는 것이다. **지지적 슈퍼비전**은 업무에 대한 만족감 고취를 목표로 효과적인 업무수행을 위한 심리적 자원을 제공함으로써 공감적이고 이해심 많은 사회복지사를 양성하는 것이다.

<표 1-2> 슈퍼비전의 기능별 목표에 따른 실습내용

구분	행정적 슈퍼비전	교육적 슈퍼비전	지지적 슈퍼비전
목표	• 작업 환경 제공	• 업무 능력 개선	• 업무 만족감 지원
장애물	• 비합리적 조직	• 무지와 낮은 인지능력	• 정서 불안정
내용	• 조직의 구조와 사회복지사의 업무를 도울 수 있는 기관 자원에의 접근법 제공	• 업무에 필요한 지식과 기술 제공, 목적적·의도적으로 전문적 자아를 활용하도록 도움	• 효과적으로 업무를 수행할 수 있도록 심리적 자원 제공
관심 영역	• 효율적인 조직에 사회복지사를 연결시켜 사회복지사가 조직의 구조와 자원을 효율적으로 이용할 수 있도록 하는 것	• 지식과 기술의 향상을 통해 사회복지사의 효율성을 증대하는 것	• 업무수행을 방해하는 스트레스를 감소시키고 사기를 증진시켜 사회복지사의 효율성을 증대하는 것
필요 도구	• 조직의 미션·핵심가치, 비전, 정관, 내규, 업무규정표, 직무기술서, 업무표준지침서, 업무지침, 지역사회 서비스 전달체계, 지역사회 자원목록, 기관의 역사책 등	• 자기지식개발 틀, 직원 교육일정표, 학습유형목록, 윤리행동강령, 참고도서, 사례기록, 주중업무계획표, 월업무보고서, 3개월사업 계획서, 연사업계획서, 연 사업평가서, 프로그램 평가서 및 기타자료 등	• 스트레스 사정도구, 사회복지사의 임파워먼트 척도 등
사회복지사 모델	• 효율적으로 과제를 수행하는 사회복지사	• 자질 있고 능력 있는 사회복지사	• 공감적이고 이해심 많은 사회복지사
과제	• 직원의 채용과 선발 • 직원의 임명과 배치 • 업무계획 • 업무할당 • 업무위임 • 업무검토, 평가 • 업무조정 • 의사소통 촉진 • 옹호 • 행정적 완충 • 변화대행 • 지역사회연계	• 가르침 • 학습촉진 • 훈련 • 경험과 지식공유 • 정보제공 • 명확화 • 가이드 제공 • 문제해결법을 찾도록 원조 • 전문성 성장 제고 • 조언, 제안	• 스트레스 유발 상황 방지 • 스트레스 해소 • 스트레스 대처 원조 • 신뢰 형성 • 관점 공유 • 결정에 대한 책임 공유 • 성공을 위한 기회 제공 • 동료를 통한 지지제공 • 업무 관련 긴장완화

출처 : 김융일·양옥경(2002).

3) 사회복지현장실습의 슈퍼비전 방법

실습의 슈퍼비전은 실습기관, 교육기관의 모든 **슈퍼비전**이 **정기적, 규칙적**으로 이루어져야 하며 구조적으로 실습지도자나 실습지도교수가 직접 지도해야 한다. 또한 실습과정 중에 슈퍼비전의 내용이 반영되어야 하는 원칙을 가지고 있다.

(1) 실습기관의 슈퍼비전

○ 실습기관 및 실습내용에 대한 전반적인 **오리엔테이션** 실시

- 실습기관 소개
- 실습의 의미 및 목표 수립
- 실습생의 자세 및 태도
- 케이스 레코딩 작성요령[7)]
- 실습일지를 포함한 각종 보고서 작성요령

○ **실습내용**에 대한 직접적인 슈퍼비전 실시

- 실습일지를 정기적으로 점검하고 피드백 제공
- 실습에서 케이스 레코딩에 대한 슈퍼비전
- 실습과제 부여 및 과제에 대한 피드백 제공
- 그 외의 사항에 대해 정기적인 슈퍼비전 시간 제공

○ **실습지도 시간**

- 학기 중 실습 : 주당 1회, 1회당 60분 이상(개별, 집단지도 포함) 지도
- 방학 중 실습 : 주당 최소 3회 이상, 1회당 60분 이상(개별, 집단지도포함) 지도

○ 실습지도 인원 : 실습지도자 1인당 최대 5명까지 실습생 지도

(2) 교육기관(학교)의 슈퍼비전

○ 실습지도교수는 아래의 목적을 위해 실습기관 방문, 전화, 온라인의 방법으로 실습기관과 긴밀한 관계유지 필요

- 실습지도자와 실습생별 실습목표 협의
- 실습생의 실습목표 성취 정도와 실습상황 검토
- 실습 관련 문제발생을 예방하거나 문제 상황 중재

○ 슈퍼비전 형식

- 실습지도교수는 실습교육을 위한 강의, 토의, 슈퍼비전, 기관방문 등을

7) 제3장에서 보다 자세히 다룸

통해 실습지도 진행

- 실습교육 시 실습조교를 배치하여 실습기관 및 실습학생에 대한 연락, 실습상황 검토, 실습보고서와 평가서 정리 등의 업무 처리 필요

○ 실습세미나 ※ 교육기관의 상황에 맞춰 수업의 한 형태로 진행

- 실습세미나는 1회당 2시간 이상, 총 15회 이상 실시. 정보통신망을 이용한 온라인 교육 실시 교육기관의 경우 대면 방식의 세미나가 총 3회 이상 포함되어 있어야 함
- 실습보고서를 통한 실습지도
  - 실습보고서 제출 : 실습생은 실습일지, 케이스 레코딩, 집단지도보고서 등 각종 보고서를 작성하여 실습기관 실습지도자의 확인을 받은 후 실습지도 교수에게 제출
  - 실습보고서 검토 후 실습지도 : 실습지도교수는 실습생과 면담(개별 또는 집단면담)하여 실습의 문제점과 개선점을 토의하고 필요한 경우 실습기관 실습지도자와 협의하여 문제점을 해결
  - 참고문헌 활용 : 실습지도교수는 실습내용과 관련된 참고문헌을 소개하여 활용하도록 지원
- 실습생의 실습보고 세미나
  - 실습생의 실습과정에 관한 강점 및 개선점 토의
  - 사회복지실천의 방법 및 기술을 개인・가족・소집단에 적용하는 과정에 대해 토의
  - 사회복지실천 과정이 다양한 클라이언트체계에 미치는 영향 토의
  - 사회복지조직으로서 실습기관에 대한 기능과 역할 이해
  - 사회복지정책 사회복지법규 및 제도를 사회복지 대상자와 연계하여 토의
  - 사회복지실천현장에서 직면하는 윤리적 딜레마에 대해 토의
  - 사회복지사로서의 전문적 자아의식에 대해 토의

○ 실습지도 인원 : 실습지도교수 1인당 최대 30명까지 지도하며, 30명을 초과할 시에는 분반하여 담당하도록 함

○ 실습지도 시간

– 학기 중 실습 : 주 1회 3시간 제공

– 방학 중 실습 : 한 학기(15주)를 기준으로 45시간 제공

※ 참고 : 방학 중 실습의 경우 세미나가 불가능할 경우 이메일 등을 통한 지도를 적극적으로 활용

4) 사회복지현장실습의 진행절차

사회복지현장실습은 실습기관을 선정하는 것으로부터 시작하여 일정한 진행절차를 밟아서 진행된다. 이를 자세히 살펴보면 다음과 같다(한국사회복지사협회, 2010).

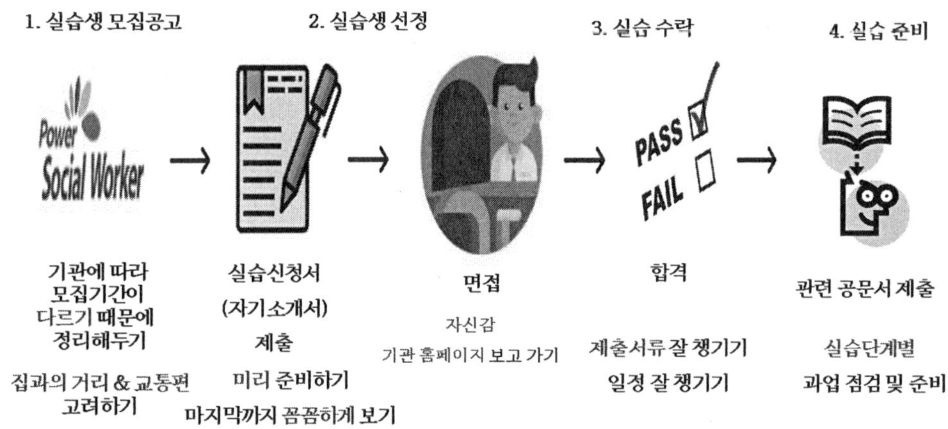

|그림 1-2| 실습시작 전의 진행절차

(1) 실습기관 검색 및 선정절차

① 실습기관 검색

실습기관을 선택하기 위해서는 먼저 자신이 **기존에 자원봉사(직장체험)를 하고 있는 기관을 우선적으로 활용**한다. 그 이유는 기관에 대한 사전정보를 얻기 용이하고 직원과도 이미 친밀감이 형성되어 좋은 실습지가 될 수 있기

때문이다. 또는 다른 학생이나 선배의 경험담, 실습보고서 등을 통해 기관에 대한 평가를 듣는 것도 좋은 방법이다. 마지막으로 **인터넷(한국사회복지사협회 및 사회복지 관련 사이트)**이나 학과사무실에 비치된 실습기관목록을 통해 다양한 실습지의 정보를 확인하거나 관심 있는 기관 홈페이지를 통해서도 정보를 얻을 수 있다. 그러나 무엇보다도 **자신의 거주지와 가까운 곳에 위치**하며, **자신의 관심 분야와 추후 취업과 관련된 곳**에서 실습을 수행할 수 있도록 선택하는 것이 좋다.

※ 참고 : 실습생 모집과 관련하여 한국사회복지사협회 자격관리센터 홈페이지(www.lic.welfare.net)와 당해 보건복지부장관이 사회복지현장실습기관으로 선정(http://lic.welfare.net/lic/ViewLicNotice.action)된 기관 정보를 참고하면 도움이 됨

② 실습기관에 실습자료 요청

우선 실습생은 해당학기의 실습교육 실시 여부를 실습기관에 확인하고 <기관소개서>, <실습지도자 소개서>, <실습계획서>를 요청한다. 기관에 자료를 요청하는 것이 어려우면 실습조교에게 도움을 요청한다.

③ 실습지 결정상담 및 실습지원서 작성[8]과 면접 준비

기관에서 보내온 정보를 토대로 실습기관 선정기준을 참고하여 자신에게 적합한 실습지를 선정한다. 실습지선정에 있어 이미 실습을 한 선배들의 자료보고서나 자료집들을 참고하거나 실습지도교수 및 실습조교에게 문의할 수 있다. 실습지가 선정되면 실습지원서를 작성하고 해당 기관에 제출한다. 1차 실습지원서가 통과되면 2차 실습생 선정을 위한 면접이 있으며 면접일시와 장소를 확인한 후 면접에 임한다.

8) 지원서에는 '자기소개' 내용이 포함되며 예시 자료는 부록에 탑재

실습생 모집 시 고려사항

- **사회복지현장실습 면접 시 고려사항 실태조사 결과(사회복지사 785명 대상)**
  - 사회복지 전공 여부(27.6%)
  - 실습기관 선정 동기(24.1%)
  - 해당 분야의 과목 이수(15.5%)
  - 실습생의 거주 지역(10.4%)
  - 자원봉사 경험(8.4%)

출처 : 한국사회복지사협회(2010).

④ 학교와 기관과의 접촉

실습생으로 선정되면 실습조교를 통해 해당기관에 공식적으로 실습을 요청한다. 실습 신청 시 학생은 <실습신청서>를 학과사무실에 제출한다. 학교에서는 학생이 제출한 <실습의뢰 신청서>, <실습생프로파일>, <실습생 결정통보서> 등을 실습기관에 제출한다.

⑤ 실습요청 공문발송(하계실습 : 4월 중순~5월 중순/ 동계실습 : 10월 중순~11월 중순)

실습조교는 학생의 실습지가 확정되면 제출한 자료를 바탕으로 실습기관에 팩스나 이메일로 실습요청 공문을 발송한다. 공문발송 후 1~2일 내에 실습지에 유선으로 공문수신 여부를 확인하고 요청사항(실습비 입금계좌 등)을 전달한다. 또한 실습생도 이 과정의 절차에 대해 확인해야 하며 실습조교는 이 과정을 공지해야 한다.

⑥ 실습지 확정(하계실습 : 6월 초~중순/ 동계 실습 : 11월 중순~12월 초)

공문수신 여부 확인 후에 선발 확정 및 예정일을 문의하고 기관에 대해 <실습생결정 통보서>발송을 요청한다. 신청한 기관에서 실습생으로 결정되지 않으면 학생에게 기관에서 통보해 온 이유를 설명하고 실습지를 다시 배정한다. 이러한 과정을 통해 실습기관과 최종적인 연결이 이뤄지면 해당 학기에 공식적인 실습교육·계약관계가 이루어지게 된다.

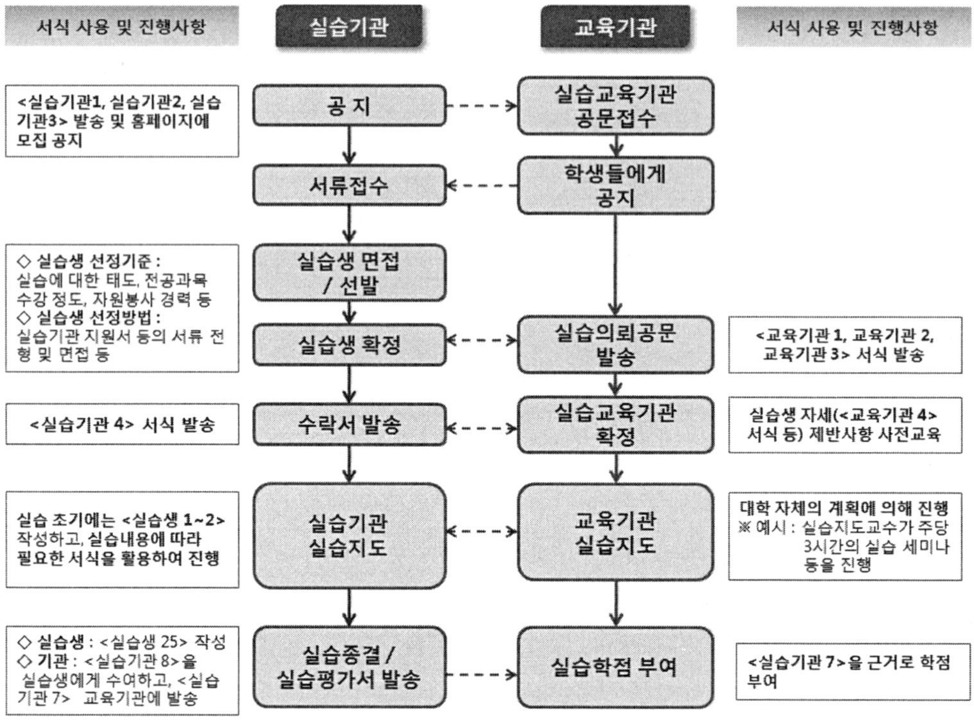

|그림 1-3| 실습 진행절차

출처 : 한국사회복지사협회(2010).

(2) 실습단계별 준비 사항[9)]

① 실습 전 단계

- 자신의 실습기관[10)]에 대해 충분히 알려고 노력해라.
- 자신의 준비 정도[11)]를 점검하고 보완하라.
- 실습자료를 모아 놓을 바인더를 준비하라.
- 실습계약서를 작성해 보아라.

② 실습 초기단계

- 실습오리엔테이션

9) 제2장에서 보다 자세히 다룸
10) 기관 홈페이지를 통해 기관 조직도, 기관의 미션, 각 부서 업무 내용, 주요 사업 내용 등
11) 자기사정, 사회복지 필수교과목(사회복지실천론, 사회복지실천기술론, 지역사회복지론, 프로그램 개발과 평가 등 실습교육에 필요한 지식 점검), 대인관계 기술, 문서작성 기술 등 점검

- 실습계약서 확정
- 실습생 업무 확정
- 동료실습생과의 관계형성
- 슈퍼바이저를 포함한 기관 사회복지사들과의 관계형성
- 클라이언트와의 관계형성

③ 실습 중간단계

- 업무점검
- 과제 수행
- 정기적 슈퍼비전(개별, 집단)
- 중간평가서 작성 및 발표
- 보충교육

④ 실습 종결 및 평가단계

- 실습보고회 준비 및 발표
- 최종평가서 작성
- 실습평가서, 실습확인서

5) 사회복지현장실습과 윤리

사회복지사는 클라이언트 체계에 개입을 할 때 전문적 가치에 근거하여 **윤리강령**에 의한 판단을 하게 된다. 이때 사회복지사는 개인적인 가치나 사회적인 가치에 의해서 영향을 받게 되며, 이러한 가치는 전문적 가치와 상충될 수 있다. 실천현장에서 윤리적인 문제가 발생되었을 때 어떤 결정을 내리느냐에 대해 사회복지사는 딜레마를 겪게 된다. 사회복지사는 이런 윤리적 딜레마를 해결하기 위한 방편으로 사회복지사의 윤리강령[12]에 의거하여 실천현장에서 **윤리적 의사결정의 기준**을 삼고 있다.

실습생들은 실습기관에서 클라이언트를 비롯하여 실천문제와 관련된 상황이나 대상자들과 만나게 되며 이때 전문적 가치상충과 관련된 문제에 직면하게 되면 윤

12) <부록 1>에 사회복지사의 윤리강령 제시함

리적 의사결정을 내려야 한다. 그러므로 사회복지사의 윤리강령을 잘 숙지하고 지침을 따르도록 해야 할 것이며 실습지도자와 실습지도교수를 통해 **윤리적 딜레마에 대한 슈퍼비전**을 제공받아야 한다.

사회복지사 선서

나는 모든 사람들이 인간다운 삶을 누릴 수 있도록, 인간존엄성과 사회정의의 신념을 바탕으로, 개인·가족·집단·조직·지역사회·전체 사회와 함께한다.
나는 언제나 소외되고 고통받는 사람들의 편에 서서, 저들의 인권과 권익을 지키며, 사회의 불의와 부정을 거부하고, 개인이익보다 공공이익을 앞세운다.
나는 사회복지사 윤리강령을 준수함으로써, 도덕성과 책임성을 갖춘 사회복지사로 헌신한다.
나는 나의 자유의지에 따라 명예를 걸고 이를 엄숙하게 선서합니다.

출처 : 한국사회복지사협회(2010).

제2절 사회복지현장실습 교육내용

사회복지현장실습 교육내용은 **필수공통, 필수선택, 자유선택**으로 구분하고 있으며, 다음 내용을 포함한다. 실습교육의 세부 내용은 아래 기준에 의하여 실습기관에서 실시한다(한국사회복지사협회, 2010).

○ 기관, 지역사회, 클라이언트에 대한 이해
○ 기관과 관련된 정책 및 제도(지침), 자원 네트워킹에 대한 이해
○ 기관의 사회복지실천(또는 정책 및 행정 분야)에 대한 직·간접적인 경험
○ 기관의 행정 및 기록에 관한 교육
○ 사회복지사로서의 윤리적 실천 및 가치, 안전지침에 대한 교육
○ 실습내용에 대한 피드백 및 정기적인 슈퍼비전 제공, 실습 중간평가 진행 및 평가내용의 반영, 종결평가 진행 및 실습평가서 작성

1. 필수공통 : 모든 실습교육에 필수적으로 구성

1) 오리엔테이션

실습오리엔테이션은 교육기관(학교)과 기관에서 이루어진다. 이를 구체적으로 살펴보면 다음과 같다.

첫째, **대학에서의 오리엔테이션**은 학생의 실습지 선정을 하기 전과 선정 후 순차적으로 이루어지는 것이 바람직하다. 오리엔테이션은 사회복지현장실습의 목적과 필요성, 선정기준과 관련 규정을 비롯하여 실습지 선택이 자신의 관심 분야에 적절하고 원활하게 이루어질 수 있도록 설명하고 실습 시 유의해야 할 실습생의 태도와 자세, 기초지식 등의 내용으로 지도한다. 특히, 기관에 제출할 실습신청서, 실습생 프로파일 작성방법 지도, 실습일지 작성요령, 기관분석보고서, 공문서작성법, 사례관리, 지역사회분석보고서, 프로그램 개발과 평가, 평가서 및 보고서 작성 등은 오리엔테이션의 중요한 요소이다. 오리엔테이션 시 선배를 초청해 실습 준비 및 실습과정에 대한 경험담을 듣는 것도 좋다.

둘째, **기관에서의 오리엔테이션**은 실습생들에게 기관에 대한 설명(설립목적, 미션 등) 및 실습과정의 전반적인 정보(시간, 사무규칙, 자세와 행동지침, 실습일정 및 내용, 실습비, 각종 서류양식, 기타 주의사항 등)를 제공하며 부서별 주요 사업과 프로그램, 대상자 특징 등을 내용으로 한다. 오리엔테이션을 통한 슈퍼바이저와 동료실습생들의 사전 만남은 실습에 대한 이해와 적응을 위한 관계형성의 시간이 된다.

2) 행정업무

실습행정업무에 대한 기본적인 교육은 오리엔테이션에서 이루어지며 구체적으로 실습을 받는 내용은 다음과 같다.

○ 회계예산교육
  - 사회복지법인 재무회계규칙 : 목적 및 개요
  - 재무·회계에 대한 법적기준 : 사회복지사업법, 사회복지법인 및 사회복지시설 재무·회계 규칙 등

– 예산제도 : 세입·세출 개념, 회계연도 및 출납기한, 예산의 주요 원칙, 예산 편성, 예산 확정 및 공개 등
– 결산제도 : 결산 작성, 결산보고서, 관련 첨부서류, 결산 승인 및 공개 등
– 수입과 지출 : 수입과 지출의 원칙, 관리, 집행기관, 수입금의 종류, 회계장부, 지출원칙, 증빙서류, 신용카드 사용, 예산 사용 등
– 후원금 관리 : 범위, 전용계좌, 영수증 발급 등

○ 문서교육
– 세부사업계획서, 단위사업계획서, 단위사업평가서 등
– 내부기안 & 외부공문 : 내부결재 절차, 외부공문 처리
– 문서작성 : 일반사항, 작성방법

○ 기록방법

2. 필수선택 및 자유선택

실습교육 중 필수선택은 3개 내용 중 최소 1개 내용을 선택하여 실시하며, 자유선택은 기관 여건에 따라 필요한 부분을 선택하여 구성한다. 한국사회복지사협회에서 제시하는 실습 표준안은 아래 <표 1–3>와 같다.

〈표 1–3〉 한국사회복지사협회 실습 표준안

구분	실습내용	과제물
필수 공통 내용	1. 오리엔테이션 1) 기관소개 및 지역소개 2) 대상집단의 이해 3) 실습생의 자세와 역할 4) 실습일정과 과제 안내	• 각 내용에 따른 보고서 및 일지 작성 제출
	2. 행정업무 1) 훈련목적하의 각종 기안서(공문, 품의, 지출결의서 등)작성 및 결재과정 참여 2) 기관운영과 관련된 규정 검토 3) 예·결산서 작성 연습	• 실습내용에 대한 실습생의 의견서 및 관련 서식 작성 제출

구분	내용	제출
필수 선택 내용	3. 사례관리 1) 사례접수(intake) 2) 사례회의 3) 자원연결 4) 개입 5) 사후관리	• 각 내용 중 실습 내용에 해당되는 자료와 기록 작성 제출
	4. 집단지도 1) 소집단지도(집단 역동성 중심의 프로그램) 2) 대집단프로그램(프로그램 개발과 운영, 캠프, 자원 봉사관리 등)	• 집단 프로그램 계획서와 집단지도 및 활동기록 작싱 제출
	5. 지역복지 및 정책개발 1) 지역사회조직(지역자원개발, 주민조직화, 주민교육, 복지네트워크 구축 등) 2) 정책개발 및 평가 3) 사회행동, 홍보, 옹호 등	• 과정기록, 계획서 및 평가서 등을 작성 제출
자유 선택 내용	6. 개별상담	• 사례에 대한 전체과정 기록 3회 이상 작성 제출
	7. 가족싱담 및 시료	• 3대 이상 가계도, 전체 과정 기록 1회 이상 작성 세출
	8. 프로포절 작성	• 해당 단체 양식에 부합하여 1개 이상 작성 제출
	9. 사회조사	• 설문지 작성, 조사 참여, 코딩과 분석과정 전체 참여 및 보고서 작성 제출
	10. 타 기관방문	• 실습목적에 맞춰 2개 이하 기관 방문 및 보고서 작성 제출
	11. 지역탐방	• 지역 특성과 자원에 대한 사정 및 분석 보고서 작성 제출

출처 : 한국사회복지사협회(2010).

제3절 사회복지현장실습 규정

1. 실습 조건

○ 각 대학마다 상이하며 대부분 학부실습은 3학년 1학기를 이수한 학생이 신청

○ 대학원생의 실습은 석사과정 1학기 이상을 이수한 자

2. 실습시간

○ 실습시간의 법적 기준은 사회복지 사업법 시행규칙 의거, 현장실습 시간은 160시간 이상(이수학점 : 3학점)

※ 참고 : 실습시간 기준안은 실습기관 및 학생의 사정에 따라서 다음에 제시된 방법 중 한 가지 선택 가능/ 직장인의 경우 시간제 및 근무지 실습 형태 중 선택 이수 가능/ 학기 중, 방학 중 실습의 장단점은 <표 1-4>와 같다.

실습시간 기준

- **학기 중 실습**
  - 기관에 따라 상이하지만 1주 1회씩 총 20주 실시, 1주당 8시간 실습기관에 출석하여 최소 160시간 이상(중간, 기말시험 기간 포함) 실습
- **방학 중 실습**
  - 1일 8시간 주 5회 실습기관에 출석하여 최소 160시간 이상 실습

  ※ 참고
  - 의료 및 정신의료, 학교사회복지, 대학원 실습의 경우 주 2회 실습을 권장함
  - 직장인을 위한 시간제 및 근무지 실습은 토·일요일 1주당 16시간 출석 실습
  - 실습기관 및 실습생의 상황에 따라 공휴일, 주말 등을 이용하여 실습 가능함

출처 : 한국사회복지사협회(2010, 2020).

<표 1-4> 학기 중 실습과 방학 중 실습의 장·단점 비교

구분	학기 중 실습	방학 중 실습
장점	① 일정한 요일에 실습, 해당 실습일에 실습기관에서 중요한 활동이 실시될 시 관찰 및 참여를 통한 학습기회 ② 비교적 장기간 기관의 모습 관찰, 일정 기간에 걸쳐 클라이언트와의 개입과정을 실습할 수 있는 기회 ③ 실습일 전·후로 학교에서의 실습세미나를 통한 실습지도가 지속적으로 가능, 실습과제 수행에 대한 시기적절한 지도 및 조언가능, 문제발생 시 비교적 신속히 개입가능	① 단 기간이지만 주어진 기간 동안 나타나는 실습 기관의 전체적 모습을 볼 수 있게 되어 실습기관의 전체맥락 파악이 가능 ② 실습생이 업무에 대한 일정한 정도의 책임을 맡을 수 있는 기회가 주어질 수도 있음 ③ 클라이언트 및 다른 직원들과의 관계형성이 비교적 용이
단점	① 실습지도가 매우 바쁜 요일 혹은 기관에서 학습이 기회가 거의 제공되지 않는 요일이 실습이 될 가능성 존재 ② 전체 실습기관 운영과정의 일부분만 관찰하게 됨, 해당 실습기관의 전체적인 모습을 알 수 없음 ③ 클라이언트, 실습기관 내의 다른 직원들과의 충분한 접촉이 부족하여 피상적인 관계이상을 경험하기 어렵고, 업무수행의 책임성도 부족	① 실습기관의 시간별 변화모습이나 클라이언트의 중·장기간 변화과정을 경험할 수 있음 ② 학교에서의 실습지도가 제한되거나 없는 경우가 있어, 실습과제 수행에 대한 지도 및 문제 발생 시 학교에서의 개입은 시기를 놓치게 되는 수가 있음 ③ 체계적인 계획에 의한 학습경험보다는 방학 중 캠프나 계절학교 등 인력을 필요로 하는 프로그램에서 도우미 역할 위주로 활동하는 경우도 있어 실습지도에 계획성 요구

출처 : 고신대학교(2012).

3. 실습교육비

실습교육비는 기관의 상황에 준하여 정해지며 학교에서 공문서로 처리가 된다.

※ 참고 : 2019년 기준 70,000원에서 150,000원 정도이며 기관에 따라 점심식비 포함되기도 하지만 대부분 포함되지 않음

※ 주의 : 실습기관은 후원금 등의 명목으로 실습생에게 추가비용 및 과도한 비용을 요구해서는 안 됨

4. 실습 관련 주요 제출서류

실습 전, 실습 중, 실습 종료의 단계별 실습 관련 주요 서류는 <표 1-5>와 같다. 실습 단계별 필요한 서류들을 살펴보고 그 양식을 숙지하고 준비한다.

※ 주의 : 사회복지사 자격증 신청 시 "사회복지현장실습확인서"를 자격증 신청서류(졸업증명서, 성적증명서 등)와 함께 제출함

<표 1-5> 사회복지현장실습 관련 주요 서류[13)]

번호	시기	관련 서류	주체	비고
1	실습 전	실습신청서	실습생	• 실습 전 작성 및 점검
2		실습생 프로파일		
3		실습기관 정보 확인서	실습기관	• 보건복지부장관으로부터 선정된 기관(한국사회복지사협회 홈페이지 참조)
4		사회복지현장실습기관 등록증		
5		실습기관 시설 설립허가(신고)증 사본		
6		실습지도자 자격증 사본		
7		실습지도자 경력 또는 재직증명서(원본)		
8		실습의뢰에 대한 회신서(기관 → 학교)		
9		실습의뢰 공문발송(학교 → 기관)	학교	• 관련 서류 공식화
		실습교육기관 확정 및 실습 요청사항		
10		실습계약서	실습생	• 관련 양식 실습기관 제공 혹은 자유양식
11		실습계획서		

13) <부록 3> 사회복지현장실습 관련 서식 참고

12	실습 중	실습생의 자세(서약서)		• 실습기관에 따라 과제 유형 및 수행방법에 차이가 있음
13		실습일지		
14		실습기관 분석 보고서		
15		지역사회 분석 보고서		
16		실습 중간 평가서		
17		실습과제(사례관리, 프로그램 개발 등)		
18		실습 종결 평가서 작성 및 보고회 준비		
19		지도교수 실습과제 수행		
20		실습지도자 프로파일	실습기관	• 관련 양식 제공
21		실습지도계획서		
22		실습생 출근부		
23		실습비 납부 영수증		
24		실습과제 제시	학교 (지도교수)	• 실습지도교수는 실습기관 방문 및 간담회를 통해 실습 진행상황 점검
25		기관 간담회 일정 계획 및 실시		
26		현장실습 점검서		
27		실습기관 방문 및 지도결과 보고서		
28	실습 종료	실습 결과 보고서 작성	실습생	• 종결에 따른 관련 서류 점검
29		실습 소감문		
30		실습 확인서(원본)(기관 → 학교)	실습기관 학교	• 실습 종료 관련 서류 확인
31		실습 평가서(기관 → 학교)		

출처 : 이원주・우병훈(2020) 재구성.

5. 실습기관과 교육기관 간담회 개최

실습기관과 교육기관은 학기당 1회의 간담회를 개최하여 실습지도교수와 실습지도자 간의 의견 개진의 기회를 마련해야 한다.

6. 기타 실습형태

직장 내 실습의 경우 직장 내 실습지도자를 지정하고 개별적인 지도를 받아야 한다. 단, 교육기관의 실습지도 교수가 책임 지도하며, 별도의 실습과제를 수행하도록 지도해야 하며 실습내용은 실습생의 근무부서와 다른 부서의 업무로 해야 한다.

해외실습의 경우 사회복지현장실습으로 인정되지 않으며, 교육기관(대학)이 2회 이상의 실습(기초, 심화)을 필수적으로 시행할 경우, 해외실습은 1회에 한해 인정이 가능하다.

기관방문 또는 자원봉사활동은 현장실습으로 인정되지 않는다.

제4절 실습생의 자세와 태도 및 가치

사회복지현장실습은 예비사회복지사로서 실천현장의 전문적인 지식과 기술을 연마하는 과정으로 자신에 대한 이해를 토대로 학교에서 학습한 전문적 지식과 기술을 적용한다. 즉, 실습생은 실습 전 자기이해를 위한 자기사정을 통해 자신이 가지는 가치와 태도가 어떠한가를 점검함으로써 실습생으로서의 역할을 보다 잘 수행할 수 있다. 예비사회복지사로서 실습생들의 실습에 임하는 자세와 태도 및 가치는 추후 사회복지실천현장에서 업무를 수행할 때 중요한 경험의 원천이 된다. 따라서 아래 실습생의 자세 내용을 숙지하고 실습생으로서의 책임과 의무를 수행해야 한다.

실습생의 자세

1. 실습의 목적과 중요성을 충분히 이해하고 **실습계약 사항을 이행**하기 위하여 최선의 자세로 실습에 임한다.
2. 실습은 대학에서 학습된 이론을 구체적으로 적용하는 과정임을 인식하여 이에 최선을 다한다.
3. 실습교육기관의 구성원이라는 생각으로 **타 구성원과 협력**하며 친화적인 태도를 취한다.
4. 기관의 정책을 이해하고 수용하며 실습과정에서 준수하도록 한다.
5. 근무시간은 기관의 규정에 준하며 **직원과 동일한 자세로 근무**시간에 임하도록 한다.
6. 실습시작 **최소 10분 전에 출근**하여 출근을 확인하며, 업무에 관계된 사항을 사전에 준비하도록 한다.
7. 결근, 조퇴, 지각 등 **근태와 관련된 사항은 반드시 실습지도자에게 사전에 보고**하여 허락을 받도록 한다.

8. 실습지도자의 지시뿐 아니라 타 직원의 지도를 잘 이행하므로 실습효과를 최대화하도록 한다.
9. 직무에 강한 책임감과 열의를 갖고 적극적으로 임하며 타인에게 책임을 전가하거나 태만하게 행동하지 않는다.
10. 실습으로 인하여 알게 된 **클라이언트의 사적인 정보를 교육적 목적(대학실습지도 등) 이외에는 절대 발설하지 않으며**, 교육적 목적이라 하더라도 가명을 사용하여 **개인의 비밀이 침해되지 않도록** 한다. 실습종료 후 실습 관련 내용을 학회지 등에 게재하고자 할 때는 반드시 실습지도자와 상의하여 허락을 받아야 한다.
11. 실습지도자의 지도 혹은 타 실습생의 실습을 견학 관찰할 경우 배우는 자세로 진지한 태도를 취한다.
12. 기관의 직원, 클라이언트 등에 대해 예의를 지킨다.
13 복장, 소지품은 실습기관의 특성과 상황에 맞게 취하되 가능한 한 화려한 것을 피하고 검소하며 **단정한 것으로 착용**하도록 한다.
14. 안전사고에 만반을 기하도록 하며 **안전사고와 관련된 기관의 규정**을 사전에 숙지하여 그에 준해 처리하도록 한다.
15. 실습일지를 비롯한 각종 실습기록은 **사실에 근거하여 정확하고 구체적으로 정리**하여 실습 시 실습지도자와 실습지도교수의 강평을 받는다.
16. 과제에 관하여 연구하고 그 결과물에 대해 실습지도자의 강평을 받는다.
17. 실습과정 중 어떤 경우라도 사례금 등의 금품을 절대 주거나 받지 않는다.
18. **과제물은 정해진 기일에 제출**하고 **출근 전에 작성**을 마친다.
19. 기관의 명칭을 사적으로 활용하지 않으며 실습생의 신분을 지킨다.
20. 기관을 대표한다는 자세로 실습교육기관의 직원들과 동일한 업무태도와 자세를 취한다.

※ 이 외

- 실습생은 학교와 학과를 대표한다는 생각을 가지고 실습에 임한다.
- 정해진 시간(근무시간, 과제물 제출 기한)을 엄수한다.
- 메모지와 필기구(목걸이 용)는 항상 지니고 다니면서 시간대별 중요 사항 및 기억해야 할 사항 등을 적어두는 기록습관을 가진다(실습일지 작성 시 도움이 됨).
- 실습일지는 지나치게 요약하거나 중언부언하지 않으며 매일매일 작성한다.
- 사회복지사의 품위를 지킨다(슬리퍼, 트레이닝복, 활동에 불편 복장 지양).
- 실습기간 중 기관에서 만나는 모든 사람들을 존중하며(존칭어 사용) 친절히 대하고, 먼저 인사하며 밝은 모습으로 응대한다.
- 자신의 의견을 피력해야 할 경우 때와 장소를 고려한다.
- 항상 생각하고 배우는 자세로 모든 일에 적극적으로 임한다.
- 동료실습생을 존중하며(존칭어 사용) 협력한다.
- 모든 일에 대하여 실습담당자와 의논하여 처리한다.
- 실습 관련 발생되는 문제나 혼자서 해결하기 어려운 사항에 대해서 실습지도교수와 상의한다.

※ 참고사항
- 귀중품 관리 : 귀중품은 가져가지 말고, 가져올 경우 개인관리 철저
- 노트북 : 노트북은 지참하여 업무활용 가능. 단, 개인정보 등이 노트북에 남지 않도록 실습 종료 전까지 삭제해야 하며 모든 자료는 제출하고 개인정보는 파기

출처 : 한국사회복지사협회(2010); 창동종합사회복지관 실습교육자료(2020).

CHAPTER Social Welfare

2 사회복지현장 실습 단계

CHAPTER 2 Social Welfare

사회복지현장실습 단계

제 1 절 초기단계

1. 사전준비 내용(실습 전 단계)

실습 준비과정은 대학의 특성에 따라 다소 차이가 있으나 대부분은 학생들의 실습경험을 극대화하기 위해 철저하게 준비되어야 한다. 실습 각 주체들은 다음과 같이 초기단계를 준비한다.

첫째, **실습기관**은 실습지도를 기획하고 준비하게 된다. 구체적으로 실습지도 계획을 세우고 실습지도자를 선정하며, 공고를 통한 서류심사 및 면접으로 실습생을 선정하게 된다. 또한 기관과 학교 간의 실습일정을 논의하고, 실습생에게 배정해야 할 사례 선정과 같은 사항들을 준비한다.

둘째, **실습생**은 실습기간 동안 자신의 역할이 무엇인지 또 실습과정을 통해 무엇을 습득하게 될 것인가에 대해 준비하고 계획하여야 한다. 구체적인 내용은 다음과 같다.

실습 전 단계 준비내용

- **실습생의 자기인식, 자기사정 등을 통한 예비사회복지사로서의 정체성 확인**
  - 자기사정을 통한 자신에 대한 인식 및 자신의 정체성 확인
  - 자신에게 맞지 않는 실습기관 선택을 피할 수 있는 방법임
  - 자기이해・타인이해하기
  - 실습생으로서의 핵심역량 체크(표 3-1)
  - **프로파일(자기소개서) 및 실습계획서 작성**해 보기

- **실습기관 탐색 및 선정**
  - 자신의 적성과 관심 분야(취업연계)에 따라 다양한 경로를 통해 실습기관을 탐색하고 선정하며 선정하고자 하는 실습기관에 대해 다양한 방법으로 충분히 알려고 노력해야 함
  - '나는 어떤 실습을 원하는가? 나의 적성과 흥미에 맞고 추후 취업하려는 사회복지 분야는 어디인가?'에 대한 질문에 스스로 답할 수 있기
  - **1, 2학년부터 '자원봉사' 활동을 통해 적합한 실습기관 탐색 및 선정**하기(사회복지사와 관계형성)
- **행정처리 단계**
  - 실습기관 선정 및 배정을 위한 행정적 처리과정의 절차와 누락된 서류 없게 점검 실습신청서, 실습의뢰 신청서, 실습생 프로파일, 실습생 결정통보서 등 실습자료를 모아 놓을 바인더 준비
- **실습생 모집 및 선정**
  - 실습기관은 실습기관으로 선정되기 위한 과정을 거침(보건복지부 장관으로부터 선정)
  - 실습기관의 실습지도자는 실습내용과 일정 등을 포함한 실습계획을 수립하여 실습생 모집을 공지(공문발송 또는 한국사회복지사 협회 및 관련 홈페이지에 공지)
  - 실습기관은 선정기준을 정하여 서류전형, 실습생 태도 및 자질 등을 파악하는 면접실시
- **실습지도 기획 단계**
  - 실습지도자들이 함께 모여 실습지도 소모임을 갖고 교육일정을 조정하는 등 실습계획을 세우는 과정

출처 : 오혜경・하지영(2007) 재구성.

2. 실습 오리엔테이션 실시

학교와 실습기관에서는 실습이 시작되기 전에 학생들에게 실습 오리엔테이션을 실시한다. 첫째, **학교**에서는 실습 및 실습세미나 일정, 실습과제, 실습평가 등 실습과정의 전반에 대한 정보를 제공하며, 실습생의 자세와 역할 및 문제발생 시 대화통로로서 실습지도교수와 실습지도자를 적절히 활용할 수 있음을 알려준다.

둘째, **실습기관**에서는 체계적이고 공식적인 오리엔테이션을 제공하게 되며 아래 내용과 같다.

○ 기관에 대한 전반적인 정보(기관연혁, 시설현황, 직원현황, 조직도, 기관목적 및 미션과 비전 등)

○ 기관 내 서비스 정보(부서별 주요 사업, 프로그램 소개 등)

○ 지역사회의 특성(지역특성, 클라이언트 구성, 지역 내 자원 정보제공 등)

○ 이 외 비공식적인 오리엔테이션으로 실습지도자가 오리엔테이션 이후 실습생과 개별적인 시간을 가짐으로써 여러 궁금증에 대해 알아볼 수 있도록 함

3. 교육적 사정과 실습계약서 작성 및 확정

실습생에 대한 교육적 사정은 성공적인 실습지도의 효과를 달성하기 위해 반드시 필요하다. 교육적 사정척도는 실습기관에서 제시하는 양식에 의거하여 작성되며 사정을 통해 **실습생의 부족한 부분에 대한 정보를 통해 필요한 슈퍼비전의 내용을 구성**하게 된다. 또한, 이를 토대로 공식적인 **실습계약**을 맺게 된다. 실습계약서는 실습생과 실습지도자가 주어진 실습기간 내에 실습생이 무엇을 어떻게 배울 것인지 계획하기 위해 개발한 구조화된 문서로서 실습의 오리엔테이션 기간 중에 작성한다. 실습계약서는 실습의 목표, 실습과제, 주별 세부일정 및 평가지표, 서명 등의 내용으로 **실습생과 실습지도자와의 상호합의와 동의**하에 이루어진다.

4. 관계형성 및 실습업무 할당

실습생은 실습기관에서 실습지도자를 비롯하여 기관의 직원, 클라이언트, 동료실습생 등 여러 사람들과 관계형성을 해야 한다. 실습생은 초기단계에서 실습지도자와 직접 면담과 교육을 거치면서 서로를 탐색하고 안정된 관계가 수립되도록 하며, 기관의 문화에 잘 적응할 수 있도록 노력해야 한다. 기관을 이용하는 대상자들과의 관계에서도 전문적 관계가 이루어지도록 해야 하며 동료실습생과는 좋은 동료관계로서의 협력관계를 구축해야 할 것이다. 좋은 관계를 맺기 위한 기본적인 자세는

밝은 표정과 예의바른 태도와 언행 등을 통해 가능할 것이며, 자신의 본분을 잊지 않고 모든 일에 적극적인 자세로 임해야 할 것이다.

실습계획과 실습생의 교육적 사정을 통해 실습계획서가 확정되고 실습계약이 이루어지면 이에 준하여 실습생이 실습기간 동안 수행해야 할 실습업무가 할당된다. 실습의 공통적인 내용 외 기관에서 운영되고 있는 내용 중 실습지도자가 **실습생의 실천능력과 학습계약에 의거하여 업무를 선택하여 할당**하게 된다.

5. 기관 내 부서별 교육

실습생은 각 부서 혹은 팀별로 배치된 후 기관 내 부서별 교육이 실시된다. 각 부서별로 실습생의 업무내용 및 실습유형에 따라서 필요한 교육을 선택하여 분야별 교육을 구성하여 실시한다. 기관에 따라서 실습생들이 각 부서를 순회하면서 실습을 하기도 한다.

6. 실습기관 분석 및 지역사회 분석[1)]

실습생은 자신이 실습하게 될 실습기관을 분석함으로써 기관의 정책, 서비스, 프로그램 그리고 이용자의 특성 등을 이해하게 된다. 실습기관 분석보고서는 일반적으로 기관의 설립목적(미션), 기관의 연혁, 사업내용 등이 포함된다.

실습생은 자신이 실습하게 되는 기관의 지역사회에 대해 충분히 이해할 수 있어야 한다. 실습기관은 그 지역사회에 거점을 두고 다양한 기관과 자원, 인력을 활용하고 연계함으로써 지역의 문제를 해결하고 다양한 사회복지서비스를 개발하고 추진하고 있다. 그러므로 지역사회를 파악하는 과정은 사회복지사의 역할과 책임으로 실습생은 지역사회 조사와 분석을 통해 이를 학습해야 한다. 지역사회 분석은 지역사회의 특성과 인구, 주민의 욕구와 사회적 제반 문제, 해결방안, 주민참여 정도 및

---

1) <부록 3>에 실습기관 분석 및 지역사회 분석 양식 제시, 관련 예시는 제4장에서 보다 자세히 다룸

참여의욕, 지방행정기관의 정책과 중점 추진방향 등 지역사회의 전반적인 현황을 파악해야 한다.

7. 기술적 훈련(행정서식 기록방법 및 프로그램 기획과 평가, 전화상담 및 접수면접법 등)2)

각 기관에서 발급되는 문서는 지역사회 내・외 자원, 조직, 인력 등과의 관계 정립과 의사소통 도구로서 법적인 책임과 근거가 된다. 이에 구체적인 공문서를 작성하고 관리하는 것은 중요한 기술적 훈련으로써 실습내용에 반드시 포함되어야 하는 내용이다.

또한, 프로그램을 시행하고 대내・외 회의 참석 및 워크숍 및 세미나 등의 교육 참석 등과 관련된 업무 수행 결과를 보고하기 위한 보고서 작성의 요령을 익혀야 한다. 보고서는 프로그램 평가보고서, 연수보고서, 행사결과보고서 등이 있다.

이 외 실습기관에서 전화상담을 하는 기본적인 예절이나 방법, 전화상담을 통한 의뢰 접수 방법, 접수면접 관련 양식과 내용 및 기술 등에 대해 익혀야 한다.

제2절 중간단계3)

1. 실습과제

실습과제는 실습의 질을 결정하는 가장 중요한 부분으로 실습생의 학습욕구와 능력 및 실습기관의 특성이 고려되어 부여된다. 실습과제 수행에 대한 내용은 다음과 같다.

---

2) 제4장에서 보다 자세히 다룸

3) 실습 관련 과제 및 보고서 예시는 제4장에서 보다 자세히 다룸

실습과제 내용

- **실습계획서, 실습생 프로파일, 실습동의서 등**
  - 실습기관에서 제시하는 내용의 기본적인 초기 서류
- **실습기관 및 지역사회 분석보고서**
  - 실습기관 및 지역사회에 대한 분석보고서 작성 및 소감문
- **개별실천, 사례관리, 집단실천, 프로그램 개발과 평가(사업계획서 작성) 등**
  - 실습계획서에 제시된 실습교육 내용에 대한 과제 수행
  - 개별 · 집단과정기록서, 사례관리기록, 면접진행기록서 등 기록 관련 과제 수행
- **실습일지**
  - 실습일정 및 진행 내용, 실습생의 의견, 실습지도자의 총평 등 매회 실습일과에 대해 시계열적 방법으로 간략히 매일의 실습내용 기록
- **중간 · 종결평가서 작성**
  - 중간평가서와 종결평가서 작성 및 실습의 소감문 작성

출처 : 오혜경 · 하지영(2007).

2. 중간평가

중간평가는 실습의 중간단계에서 수행하는 중요한 과업으로 실습의 중간 시점에 목표달성 정도, 실습을 통해 배운 점, 실습지도자에 대한 건의 등을 발표하고 논의하는 것이다. 실습생은 중간평가회를 통해 자신의 낮은 목표를 점검하고 해결방안을 모색하여 적절하지 못한 목표를 수정하고 보완한다.

중간평가서에 기록해야 할 주요한 부분은 다음과 같다.

첫째, 수행한 실습내용 및 역할에 대한 요약

둘째, 실습을 통해 배운 점과 실습목표 성취도에 대한 평가

셋째, 실습과정에서 어려웠던 점과 남은 기간 동안 배워야 할 점 및 건의사항

제 3 절 종결 및 평가단계

1. 종결 및 평가

실습의 종결 및 평가단계는 실습을 마무리 짓고 실습의 전반적인 과정과 내용에 대해 평가하는 과정이다. 실습종결은 이미 예고된 것으로 실습생은 실습과제의 마무리와 평가를 비롯하여 실습지도자와 또 클라이언트들과 다른 동료실습생들과 종결에 대한 준비를 해야 한다. 실습종결평가는 실습지도자를 비롯하여 기관장과 타 직원들이 함께 참석하여 실습보고회를 통해 실습기관이 수행한 실습에 대해 공식적인 평가시간을 가지게 된다. 이는 실습생에 대한 평가뿐만 아니라 실습기관 및 실습지도자에 대한 평가를 포함하는 것으로 모두에게 심적인 부담을 주게 된다. 그러나 실습을 종결하면서 실습의 과정에 대한 점검과 평가를 통해 보다 성장하게 되는 계기가 될 수 있다. 종결평가서는 다음과 같은 내용으로 구성된다.

종결평가서 내용

- **종결평가서**
  - 실습일정과 내용
  - 실습생의 실습목표 성취 정도(각 하위목표에 대한 달성정도 평가)
    개별실천, 집단실천, 프로그램 개발과 평가, 사례관리, 공문서 작성 및 실제 등에 관한 행정적 처리와 절차
  - 구체적인 내용에 대한 평가
    전문성 개발, 실습생의 역할 수행상의 자세 및 노력에 대한 평가, 사회복지사로서의 자기인식
  - 실습교육에 대한 평가 및 제언

출처 : 안정선 외(2010).

2. 보고서 작성

실습생은 종결보고서를 작성하여 제출하고 평가회를 끝으로 실습과정을 종결하게 된다. 실습지도자는 각 학교에 실습생에 대한 평가서를 발송하고 실습지도와 관련된 피드백이나 건의사항을 전달하는 행정처리를 한다. 행정처리 이후 실습지도자들 간의 평가회의를 통해 실습지도자로서의 역할수행에 대한 보고와 평가, 피드백의 시간을 갖고 상위 슈퍼바이저에게 보고서를 통해 슈퍼비전을 받는다. 실습평가서에 포함되는 내용은 다음과 같다.

실습평가서(교육기관 발송용)

- **실습지도에 대한 실습생의 태도**
  - 시간엄수, 태도, 지적한 내용에 대한 수용, 발전노력, 살습생으로서 공식적 관계 등
- **기관이해 및 관계유지**
  - 동료와 관계, 기관에 대한 이해도, 기관 내 실습생의 권한과 한계, 타 직원과의 관계 등
- **기본적인 태도와 자질**
  - 일의 우선순위 결정능력, 할당된 시간 안의 업무수행능력, 자신의 장・단점 인식, 지식의 적용 및 활용 등
- **기록**
  - 제출기한, 정확성, 구체성, 클라이언트와의 상호작용 및 실습생의 사고와 감정 기록 등
- **전문적 태도와 관계형성**
  - 클라이언트와의 전문적 관계 형성 및 활용, 주변 자원 활용, 동정과 감정이입 구별 등
- **개인, 가족, 집단에 대한 개입**
  - 의사소통 기술 및 능력, 이론에 기초한 사정, 주변 자원 활용, 가족 및 집단 역동 등
- **지역사회에 대한 개입**
  - 지역사회의 욕구 및 문제 파악, 사회행동, 권력 및 구조에 대한 이해 등
- **정책 및 행정 분야**
  - 정책형성 및 개선 관련 노력, 실증적 자료에 대한 분석과 이해 등
- **기관고유 항목**
  - 기관의 특성과 실습상황에 맞는 실습항목들에 대한 평가

출처 : 안정선 외(2010).

CHAPTER Social Welfare

3 사회복지현장 실습을 위한 사회복지실천 기초지식

CHAPTER 3 Social Welfare

사회복지현장실습을 위한 사회복지실천 기초지식

제 1 절 실천주체(자신)에 대한 이해

사회복지현장실습은 예비사회복지사로서 실천현장의 전문적인 지식과 기술을 연마하는 과정이다. 특히, 실습생은 자신이 가지고 있는 사회복지의 지식과 기술, 가치 및 태도 등을 통해 이러한 과정을 습득하게 되므로 자기사정을 통한 **자신에 대한 올바른 인식과 이해**는 매우 중요하며, 이를 점검하고 적합한 역량을 갖추도록 노력해야 한다. 이러한 측면에서 다음과 같은 내용들에 대해 자신을 점검해 보아야 할 것이다.

첫째, 실습생은 예비사회복지사로서 **자신이 가지는 가치와 태도**는 무엇인지, 자신에 대한 개념은 어떻게 형성되어 있는지 등 자신에 대한 주체로서의 '나'를 비롯하여 객체로서의 '나'의 특성에 관한 인식을 깊이 있게 성찰해 보아야 한다. 즉, 자신이 살아온 성장 배경이나 자신의 신체적 이미지, 자기정체성, 종교적인 신념 등 자신에 대한 올바른 이해와 인식을 통해 개인적 가치관과 전문적, 사회적 가치관의 관계를 분명하게 인식하고 이해해야 한다. 왜냐하면 사회복지사는 자신을 도구로 활용하여 사회복지실천의 본질적 가치와 목적을 추구하기 때문에 사회복지실천에서 가지는 가치 갈등과 윤리적 딜레마에서 벗어나고 자신의 전문성을 높이기 위한 수단으로서의 자신에 대한 인식은 전문직의 가치 및 태도로 발전하게 되며, 이는 전문적 원조관계에서 대인관계 및 실천에 매우 큰 영향을 미치기 때문이다.

둘째, 자신에게 솔직하게 응답함으로써 예비사회복지사로서의 **'나'에 대한 성찰**을 진지하게 해볼 기회를 가져보고 이를 통해 지난 시간의 자신을 생각해 보며, 현재의 자신에 대해 올바르게 인식하고 이해하도록 해보자!

자기사정 관련 질문들

자기인식을 위한 질문들

1. 나는 나 자신에 대해 어떻게 생각하고 느끼고 있는가?
2. 나는 내가 살고 있는 가정과 학교, 사회에서 어떻게 관계하고 있는가?
3. 나의 생활양식은 어떠한가?
4. 나에게 소중한 가치(나의 기본적인 삶의 철학)는 무엇인가?
5. 나는 내가 상대하는 사람들에게 나 자신을 어떻게 보여주고 있는가?
6. 나는 나의 과거에 경험했던 문제(가장 해결하기 힘들었던)를 어떻게 해결하였고 현재 어떻게 인식하고 있는가?
7. 나는 나 자신의 기본적인 욕구(신체적, 정신적, 사회적, 영적, 지적 욕구)를 어떻게 다루고 있는가?
8. 나는 어떤 대상자가 상대하기 편한가? 혹은 거북한가?
9. 현재 내가 갖고 있는 편견과 선입견은 어떤 것이 있는가?
10. 거절하기 곤란한 상황에서 나는 어떻게 자기주장을 하는가?
11. 나는 화가 날 때 어떤 식으로 대응하는가?
12. 내가 중요하게 생각하는 태도나 가치는?
13. 무엇이 용납되는 일이고 용납되지 않은 일인가? 그런 이유는?
14. 남을 돕는 전문가로서 책임은 무엇이라고 생각하는가?
15. 클라이언트를 돕는 데 있어서 중요하게 여기는 가치는 무엇인가?
16. 기초생활보호대상자에 대해
    - 그 가정들은 부정적인가 아니면 긍정적인가?
    - 그 가정들은 워커가 클라이언트를 대하는 방식에 어떤 영향을 줄 것 같은가?
    - 클라이언트들은 워커에 대해 어떤 가정을 할 것이라고 생각하는가?
17. 최근의 민감한 이슈는 무엇인가?(예 양성애자)
    - 이에 대한 나의 입장은?
    - 나의 견해는 어디로부터 나온 것인가?
    - 나의 가치관을 바꾸도록 도전해 보았는가?
18. 나의 가치를 클라이언트에게 강요하지 않으면서도 나의 가치를 전달할 수는 없는가?
19. 나의 강점은?
20. 나의 약점은?
21. 나의 강점을 강조하고 약점을 보완할 수 있는 방법은?
22. 위 질문 외 자신이 생각하는 자기인식을 위한 질문을 만들어 답해보세요.

출처 : Bill, N.(1997). Working with people : The Helping Process(6th ed). New York : Longman, pp. 19–20.

Luz Angela Bermudez, Colorado State University, B. Sheafor & C. Horejsi(2003); Harris, L. H.(1981); 남기철 외 공역 (2005). 수정 및 보완

자기인식을 위한 질문들에 대한 점검 후의 자가 질문
1. 나는 어떠한 동기와 가치로 사회복지를 선택하였는가?
2. 나는 어떠한 가치와 태도를 가지고 현장실습에 임할 것인가?
3. 나는 내가 추구하는 윤리 및 가치가 실천현장과 상충될 때 어떻게 할 것인가?

셋째, 실습생은 자신의 **사회복지 지식 및 기술의 정도**에 대해 점검해 보아야 한다. 실습현장에서 요구되는 지식은 사회복지와 관련된 기본 어휘를 비롯하여 실습 전 배워야 할 선수교과목[1]의 핵심적 내용들과 정치, 경제, 예술, 문화 등 사회 전반에 걸쳐 다양한 지식을 가져야 한다. 그러므로 필수교과목들을 학습하고 신문이나 뉴스를 통한 정보습득을 게을리하지 말아야 한다. 또한 실습생에게 사회복지실천지식과 함께 실천을 위한 클라이언트와 사회복지사 간의 혹은 사회자원들과의 관계를 형성하는 기술은 매우 중요하다. 즉, 앞서 설명한 자신에 대한 인식을 토대로 전문적인 관계 형성을 위한 의사소통 기술, 대인관계 기술, 정보수집 기술 등 실천과정에 필요한 다양한 기술을 익히고 적용할 수 있어야 한다.

다음은 **실습생으로서 갖추어야 할 핵심 역량과 관계형성을 위한 기술의 기본적인 내용**들이다. 이를 체크해 봄으로써 자신의 부족한 부분을 채워서 실습에 임하도록 하자!

---

1) 사회복지학개론, 인간행동과 사회환경, 사회복지실천론, 사회복지실천기술론, 지역사회복지론, 사회복지정책, 사회복지 윤리와 철학, 사회복지 조사, 프로그램 개발과 평가, 사례관리 등. 이 외 기관의 서비스 대상자에 따라 노인복지론, 장애인복지론, 아동복지론, 학교사회복지론, 의료사회복지론, 다문화복지론 등의 교과목 이수 필요

<표 3-1> 실습생 핵심 역량 체크리스트

다음은 실습생의 역량에 해당하는 내용을 제시한 것입니다. (해당 번호에 체크해 주세요)
1. 전혀 보유하지 않음, 2. 별로 보유하지 않음, 3. 보통 4. 대체로 보유함, 5. 많이 보유함

슈퍼바이지 세부 역량 내용	슈퍼바이지 역량 수준				
	1	2	3	4	5
1) 슈퍼비전에 대한 공동책임 인식	①	②	③	④	⑤
2) 본인 자기계발에 대한 명확한 계획수립	①	②	③	④	⑤
3) 슈퍼비전 욕구의 표현 및 슈퍼비전 요청	①	②	③	④	⑤
4) 슈퍼비전에 대한 수용적이며 비방어적인 태도	①	②	③	④	⑤
5) 슈퍼비전 내용에 대한 자발적 적용 자세와 실행능력	①	②	③	④	⑤
6) 시기적절하고 명확한 업무보고	①	②	③	④	⑤
7) 사전자료 작성 및 제출 등 슈퍼비전에 대한 준비	①	②	③	④	⑤
8) 슈퍼바이지의 자기인식	①	②	③	④	⑤
9) 직무수행에 대한 적극적 태도	①	②	③	④	⑤
10) 직무에 대한 책임감	①	②	③	④	⑤

출처 : 안정선 · 최원희(2010).

사회복지실천의 관계 기술

전문적 관계의 기본 요소

1. 타인에 대한 관심과 도우려는 열망
2. 이해
3. 존경심, 보살핌
4. 구체성
5. 진실성과 일치성
6. 대응 혹은 직면
7. 직접성
8. 자아노출
9. 따뜻함
10. 자아실현
11. 권위 및 권한
12. 헌신과 의무
13. 수용과 기대
14. 감정이입

출처 : 엄명용 외(2005).

제 2 절 실천(개인, 집단, 사례관리, 프로그램 기획, 기록)에 대한 이해

1. 개인에 대한 이해

1) 병리적 관점과 강점 관점

기존의 전통적 실천 관점인 병리적 관점(또는 의료적 관점)이 현실 또는 진실은 유일하고 변하지 않으며, 누구나 관찰에 의해 그 실체를 확인할 수 있다고 보는 반면 강점 관점은 개인의 긍정적 측면에 초점을 두고 개인, 사회 또는 주변 요소들에 의해 현실 또는 진실이 다르게 인식될 수 있는 다중성을 갖고 있다고 본다. 두 관점을 비교해 보면 다음 <표 3-2>와 같다(고신대학교, 2012).

<표 3-2> 병리적 관점과 강점 관점의 비교

항 목	병리적(pathology) 관점	강점(strength) 관점
개 인	'사례' (진단에 다른 증상을 가진 대상으로 규정)	'독특한 존재' (강점, 재능, 자원의 소유자로 규정)
초 점	문제	가능성
Ct의 진술	전문가의 재해석	클라이언트를 이해하는 방법으로 그대로 인정
성장기의 상처	성인기 병리의 예측인자	개인을 약하게도, 강하게도 할 수 있는 요인
치료의 핵심 및 자원	전문가에 의해 고안된 치료계획 및 지식과 기술	개인, 가족, 지역사회의 참여와 그들의 강점, 능력 적용기술
Ct 삶의 전문가	사회복지사 등 전문직 : 계층적 관계	개인, 가족, 지역사회 : 협력적 관계
개인적 발전	병리에 의해 제한적	개방적
원조의 목적	행동, 감정, 사고, 관계의 부정적인 개인적, 사회적 결과와 증상의 영향 감소	참여자가 원하는 것을 이루도록 원조

출처 : Saleebey(1997), 양옥경 외(2000), 고신대학교(2012) 재인용 수정 및 보완.

강점 관점에서는 인간이 본래 가지고 있는 장점에 초점을 두는 관점을 중요시했다. 이 관점에서 모든 인간은 광범위한 재능, 능력, 허용력, 기능, 자원, 열망을 가지고 있음을 전제로 한다. 즉, 모든 사람은 스트레스, 충격과 역경 속에서도 성공적으로 적응하고 변화할 수 있는 탄력성, 자신만의 회복력을 가지고 있다는 것이다.

사회복지사는 강점 관점에 초점을 두고 개인을 바라보면서 우리의 대상자들에 대한 믿음을 가져야 하며 사정 시 강점관점을 가지고 접근하는 것은 유용한 실천방법이다.

생각해 봅시다!

Q1. 사회복지실천에서 강점관점이 유용한 이유는 무엇일까요?
A. → 그 이유는?

Q2. 다음에서 대상자의 강점을 찾아봅시다.
- 지각을 자주한다. ☞
- 공격성이 높고 다른 아이들을 괴롭힌다. ☞
- 수업시간에 선생님 말씀을 듣지 않고 떠든다. ☞
- 청소시간에 뺀질거리고 논다. ☞
- 요리조리 핑계를 많이 댄다. ☞

Q3. 우리는 대상자들을 어떻게 바라보아야 할까요? / 질문에 대해 응답해 봅시다!
- 편견 없이 바라보나요?(보이는 것이 다가 아니다)
- 긍정적으로 볼까요?(하나의 본질 속에 몇 가지의 모습이 있는데 나는 어떤 모습이?)
- 결과보다는 과정중심으로 보고 있나요?
- 클라이언트의 눈높이에서 보고 있나요?
- 진심으로 보고 있나요?
- 다양성에 대해 존중하고 있나요?

2) 개별실천의 과정

개별실천은 사회복지실천의 전통적 방법론으로 개인에 대한 일대일의 직접 대면식 관계를 통해 개입하는 방법이다. 개별실천의 과정은 대상자에 대한 접수·초기면접, 사정, 목표설정(개입목표), 계약의 **초기단계**와 구체적인 서비스를 제공하고 실행하는 **개입단계**, 개입에 대한 **종결과 평가단계**의 단계별 과정을 따른다.

개별실천의 과정별 수행 내용과 개입기술 및 유의사항에 대하여 간략하게 살펴보고, 사례를 통해 구체적으로 개별실천 접근방법을 적용해 보기로 하자.

(1) 초기단계[2)]

초기단계는 대상자의 서비스 의뢰에 따라서 관련 정보와 자료를 수집하고 정확한 문제를 파악하기 위한 사정과 사정에 따른 구체적인 개입계획을 의거한 목표 설정과 계약이 주요활동이다.

① 접수 및 초기면접

○ 접수 시 자료의 일차적 출처

신청자의 구두보고, 작성한 양식, 부수적인 자료의 원천(친구, 가족, 다른 기관 등 관련된 정보 제공), 관련기록(기관 및 타 기관 관련 기록 정부), 타 전문가의 소견, 심리검사(표준화된 도구), 대상자의 비언어적 행동, 유의미한 타자와의 상호작용 및 가정방문, 경험이 풍부한 사회복지사의 직관 등

○ 객관적인 정보 수집

대상자에 대한 자료는 다원적인 자료 정보원을 활용하여 균형 있고 객관적인 정보 수집

○ 사회복지사가 접수과정에서 수집해야 하는 기본적인 정보 내용 : <표 3-3>

<표 3-3> 신청 또는 접수 시 수집해야 할 기본적인 정보

① 기본적 사항 : 성명, 성별, 전화번호, 주소 등 ② 가족구성 : 이름, 연령, 관계, 학력, 직업, 동거 여부, 특이사항 등 ③ 가족의 일반적 사항 : 주거형태, 소득수준 등 ④ 신청 시 상황 : 신청경위, 상담경험유무, 겪고 있는 어려움, 해결하고 싶은 주요 어려움, 어려움의 수준, 욕구해결 수준 등

출처 : 손광훈(2011).

---

2) 초기단계 유의점 Tip
첫째, 상담 대상자의 연령 및 문제에 따른 상담대상 범위
둘째, 상담 장소와 시간
셋째, 학생상담의 비밀보장 및 고지된 동의에 대한 설명, 학부모로부터 허락
넷째, 타 전문가와의 연계
다섯째, 학생과의 관계형성을 통한 신뢰감 형성
여섯째, 학생문제의 유형(내현화, 외현화)에 따른 접근방법 선택

초기면접 시 대화 이끌기(전문적 관계형성)

- 처음 면접에서는 ☞ **날씨, 경제, 사회적인 문제, 취미 등 일반적인 내용으로 대화 유도 및 관계형성 시도**
"오늘 미세먼지가 너무 많죠? 요즘 미세먼지 때문에 밖에 나가는 것이 두려워요", "네, 맞아요. 걷기를 좋아하는데 요즘 미세먼지 때문에 저도 밖에 나가는 것이 꺼려져요"와 같이 **부담 없이 쉽게 나눌 수 있는 화제**에서부터,
"그런데 산책하시는 것을 좋아하시나 봐요?", "네! 마음이 힘들 때는 음악을 들으면서 걷죠! 그러면 마음이 좀 편안해지더라고요"라는 식으로 **점점 이야기의 범위를 개인적인 것으로 옮겨간다.**
- **전문적 관계형성을 위한 관계 7대 원칙**
  - 개별화 : 개인의 독특한 자질을 이해하고 이에 따른 상이한 원리나 방법을 활용
  - 의도적 감정 표현 : 클라이언트가 자신의 감정을 자유로이 표현할 수 있도록 격려
  - 통제된 정서적 관여 : 클라이언트에 대해 민감성을 갖고 정서적으로 관여
  - 수용 : 당사자의 있는 그대로의 현실을 이해하고 다루어 나감
  - 비심판적 태도 : 당사자의 태도나 행동에 대해 심판하지 않음
  - 당사자의 자기결정권 : 당사자의 자기선택과 결정을 존중
  - 비밀부장 : 정보에 대해 비밀을 보장

출처 : 고신대학교(2012); 이영분(2001).

② 사정

○ 사정은 광범위하게 보면 자료 수집에서 자료 분석의 결과까지 포함하는 것

○ 대상자에 대해 수집된 정보와 자료들을 분석

○ 분석을 통해 대상자의 문제와 욕구의 초점이 무엇인지를 파악하는 것

○ 개입을 위한 목표설정의 단초가 되는 매우 중요한 과정

○ 사정은 다양한 사정도구(사회력, 가계도와 생태도, 사회적 관계망 지도, 사회적 관계망 표, 생활력표, 생활주기표 등)를 활용

○ 많이 활용되는 도구 : 생태도와 가계도

○ 생태도

사회적 맥락 내에서 개인이나 가족의 위치를 나타낸 것으로 가족이나 개인의 삶에 미치는 조직이나 요인을 원으로 사용하여 나타내며 개입 전 후 생태도 변화를 통해 효과성 측정도구로도 활용

○ 가계도

2~3세대에 걸친 가족관계를 설명할 수 있으며 가족의 상호작용을 살펴볼 수 있는 도표로 기록

○ 생활력표

대상자의 삶의 다양한 시기에 관련된 자료를 조직화하여 표현하는 것으로 대상자의 생애에 자신이나 가족구성원에게 발생한 중요한 사건이나 문제전개 및 발전과정을 시계열적으로 작성(연도, 나이, 장소, 가족, 주요 사건, 문제, 강점 등). 특히, 아동청소년 사정 시 유용

○ 사정 시 수집해야 할 기본적인 정보 : <표 3-4>

○ 강점활용 사정 지침 및 가계도, 생태도, 생활력표 작성법

<표 3-4> 사정 시 수집해야 할 기본적인 정보

① 당면문제와 관련된 정보 : 문제에 대한 인식수준 및 태도, 문제해결에 대한 욕구수준, 예외상황, 문제해결을 위한 노력, 문제의 지속기간, 문제해결에 효과적이었던 경험, 문제에 관련되어 있는 상황 및 인물들, 신청된 시점의 상황 등 파악 ② 개인적 측면 : 대상자의 자질, 능력, 재능, 강점 파악 ③ 외부환경적 측면 : 대상자의 주변체계, 즉 가족, 친척, 친구, 지역사회 집단, 공공기관(지역사회복지관, 주민자치센터 등)이 가지고 있는 강점(자원) 파악

출처 : 신성자(2012).

강점을 활용한 사정 지침

- 사실에 대한 내담자의 이해를 가장 우선적으로 고려해야 한다.
  - 내담자의 지각이 중요하다. 심리검사나 척도의 과다사용은 삼가야 한다. 이러한 도구들은 강점을 발견하고 내담자의 목적달성에 저해되는 요인이 무엇인가 탐색하는 데에만 제한적으로 사용하는 것이 적절하다.
- 내담자을 믿어야 한다.
  - 그렇지 않을 경우, 사회복지의 기본 가치인 내담자의 존엄성에 대한 존중과 반대된다.
- 내담자가 원하는 것이 무엇인지 발견하여야 한다.
- 내담자 개인과 환경적 강점에 초점을 맞춘 사정을 해야 한다.
- 다양한 측면에서의 강점을 사정해야 한다.
  - 내면적 강점 : 내담자의 대인관계 기술, 동기, 정서적/ 인지적 강점 등

- 외부환경의 강점 : 내담자 주변체계, 즉 가족, 친척, 친구(의미 있는 타자), 지역사회 집단, 공공기관(학교, 주민자치센터 등)이 가지고 있는 강점

• 내담자의 독특성을 발견하기 위한 사정을 해야 한다.
• 내담자가 이해할 수 있는 언어를 사용하여야 한다.
• 사정은 학교사회복지사와 내담자의 공동작업으로 진행되어야 한다.
  - 내담자의 상황에 대한 이해와 그가 원하는 목표가 중요하다.
• 내담자와 사정결과에 대한 합의를 하여야 한다.

출처 : 노혜련(2010).

가계도 작성요령

① 우선 가족구조를 도식화한다.
② 가족원에 관한 정보(가족원 이력, 가족의 역할, 가족생활의 중요한 사건 등)
③ 가족관계를 표현한다.

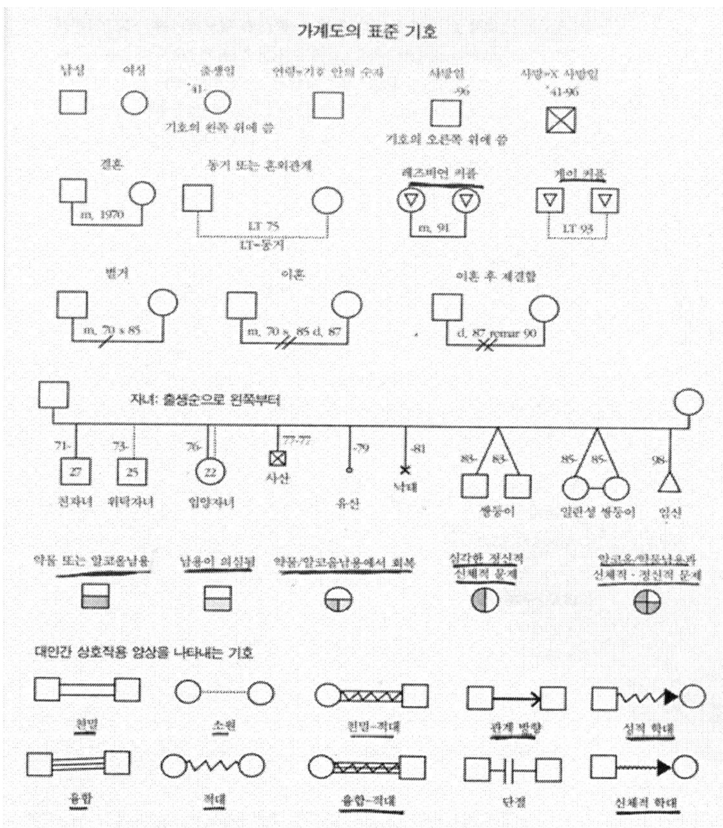

Q. 다음의 사례를 읽고 가계도를 작성해 봅시다.

박철수(가명)씨와 김영희(가명)씨는 2000년에 결혼했는데 최근 자녀문제로 다툼이 심해져 2010년부터 별거를 지속해 오다가 2012년에 이혼을 하였다. 슬하에는 1남 2녀에 자녀가 있으며 딸 둘은 일란성 쌍둥이로 초등학교 6학년이고, 막내 아들은 2010년에 입양하였는데 신체장애를 가지고 있다.

남편 박철수씨는 2남 1녀 중 둘째로 태어났는데 그의 부모는 현재 모두 사망하였고 형도 작년에 교통사고로 사망하였다. 동생은 현재 심각한 우울증으로 병원에 입원해 있다. 아내 김영희씨는 외동딸로 부모는 모두 생존하고 있으나 2009년 합의이혼하였고 현재는 엄마하고만 친밀하게 교류하고 있다. 학교사회복지사의 주요 클라이언트인 영애는 일란성 쌍둥이 중 언니인데 어머니와 일란성 쌍둥이 동생과는 친밀한 관계를 유지하고 있지만 아버지와는 소원관계를 유지중이다.

출처 : 이영분(2001).

생태도 작성요령

① 백지의 중앙에 가족체계를 상징하는 큰 원을 그린다.
② 큰 원 안에 가족원이 표시된 간략한 가계도를 그린다.
③ 큰 원 주변에 가족원 또는 가족체계에 영향을 미치는 주변 환경체계를 그린다.
④ 가족체계와 주변 환경체계와의 교류상황, 외부환경체계 간의 교류상황을 파악한다.
⑤ 그 상호교류의 성격을 선으로 표시한다. 각 교류 성격을 나타내는 선 중 하나를 골라 가족체계와 주변체계 또는 주변 환경체계 사이를 선으로 연결한다.
⑥ 외부체계가 가족 전체와 연결되어 있으며 외부체계와 큰 원을 선으로 연결하고 외부체계가 가족 내의 특정 개인과만 연결되어 있으면 그 개인과 외부체계를 선으로 연결한다.
⑦ 간략한 설명을 선 옆에 적는다.
⑧ 사회복지사와 클라이언트가 협력하여 수행해야 할 가장 중요한 일은 가족과 외부체계와의 상호작용 요소 중 가장 크고 신속하고 효과적인 가족변화를 가져올 요소를 찾아내는 것이다.

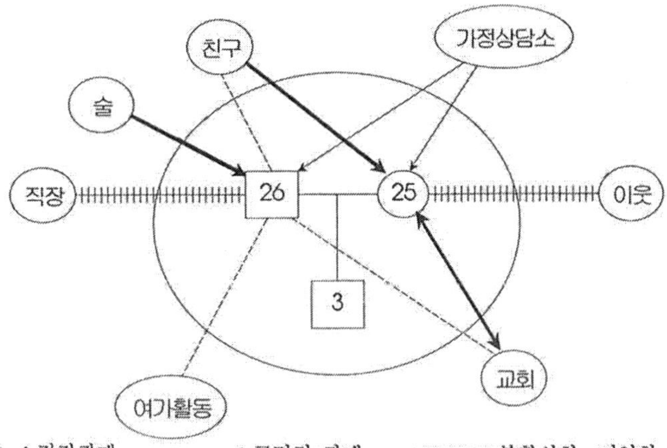

┼┼┼ : 긴장관계 ——— : 긍정적 관계 (선의 굵기가 관계의 정도 표현) ------: 불확실한, 미약한 관계

——▶ : 관계에서 도움을 주고받는 방향

출처 : 양옥경 외(2005)

생활력표 작성요령

① 태어난 년도와 현 년도를 세로 측에 제시

② 연령별 거주지와 가족, 학교, 건강, 활동, 문제상황, 강점 등 특이상황을 해당년도에 기입

③ 간략한 설명을 표 안에 기입

※ 특정시기의 주요 사건과 관련된 문제와 관련 생활경험 및 강점을 토대로 대상자 사정 및 개입계획

Q. 다음은 생활력 표 예시이다. 이를 토대로 규식이의 현재 기능수행에 영향을 미치는 발달단계상 특정 시기의 생활경험에 대해 이야기해 보자.

클라이언트 : 한 규식

년도	연령	소재지	가족	학교	건강	활동	문제	강점
1987	생년월일 87-3-23	부산, 동래구	부 28 모 25	—	정상분만	—	—	—
1988	1							
1989	2		규영 출생					
1990	3	서울, 강서구	규영 사망		천식, 7일 입원			

1991	4		부의 음주량 증가		천식, 3회 입원			
1992	5		규민 출생					
1993	6		부의 해고					
1994	7		모의 취직					스카우트활동을 좋아함
1995	8			1-학교를 매우 두려워함	교통사고, 다리 골절	스카우트 활동	학교를 싫어함. 자주 아픔	리더쉽이 있음
1996	9	서울, 금천구	부모별거, 모와 함께 이사	2- 새 학교	천식재발		학교에서 싸움을 많이 함	
1997	10			3	맹장수술			동생을 아낌
1998	11		부모 이혼	4-성적 부진			모의 돈을 훔침	축구를 좋아함
1999	12			5-무단 결석		신문 돌리기	싸움으로 친구의 코를 부러뜨림	
2000	13			6-새 학교			교사폭행, 자살제스처	
2001	14		부 교통사고 사망	**중학교 입학		축구부에 들기 원했으나 되지 않음	흡연, 백화점 절도로 체포, 상습결석	

출처 : 조성심 외(2020).

③ 목표설정과 개입계획 및 계약

- ㅇ 사회복지사와 대상자들 및 관련 조직(대상자 문제)이 상호 이해를 통해 목표를 달성하기 위한 일들을 구체화, 세분화
- ㅇ 필요한 변화를 달성하기 위한 개입에 대해 합의하는 과정
- ㅇ 사회복지사는 사정을 통해 밝혀진 문제들에 대해 목표설정 및 개입계획 수립
- ㅇ 공식·비공식적 계약하기
- ㅇ <표 3-5>는 목표설정의 예시로 개입을 위한 구체적인 목표와 하위목표 설정

<표 3-5> 목표설정의 예

목표설정의 예
목표 1. 대상자의 심리・정서적 상태를 안정시킨다.
하위목표 1-1 : 대상자의 남편에 대한 부정적 감정정화 및 정서적인 지지를 위해 대상학생을 대상으로 주 1회 정기적인 상담을 실시한다.
하위목표 1-2 : 대상자의 심리상태를 파악하기 위해 심리검사를 1회 실시한다.
하위목표 1-3 : 대상자의 감정조절능력을 돕기 위해 병원연계를 통한 의료적인 지원을 제공한다.

출처 : 손광훈(2020).

목표설정을 잘하기 위한 Tip

- 대상자에게 중요한 것을 목표로 정하기
- SMART(구체적, 측정가능, 달성가능, 현실적, 시간제한)한 목표 진술
- 대상자의 강점에 초점을 둔 목표 설정
- 대상자와 함께 설정하기
- 작은 것부터 시작하기
- 문제를 없애는 것에 목표를 두기보다 잘하고 있는 긍정적인 것을 강화하는 것에 목표 두기

④ 개입단계

개입단계는 사회복지사가 대상자에게 영향력을 행사하며 의도적인 변화를 일으키는 과정으로 문제를 해결하기 위해 구체적인 활동을 실행하는 행동단계라 할 수 있다. 이 단계에서 사회복지사와 대상자가 선택된 목표들을 성취하기 위해 다양한 전략들을 실행하게 되며 결과적으로 대상자는 자신이 직면한 문제를 해결하거나 자신의 능력과 잠재력을 개발하는 것이 핵심적인 내용이 된다. 대상자에 대한 개입이 성공적으로 이루어지기 위해서 사회복지사는 대상자에 대해 진심으로 관심을 가지고 존중하며, 대상자의 회복력과 적응력을 믿고 기다려 주는 인내심이 필요하다. 또한 대상자가 스스로 문제를 해결할 수 있도록 조력하며, 변화의 가능성을 믿고 희망을 잃지 않게 해야 한다. 그러나 무엇보다도 개입과정에서 사회복지사 자신의 한계가 인정될 때는 타 전문가에게 도움을 요청하여 협력하여야 한다.

사회복지사는 개입활동에 대해 지속적인 점검을 해야 하며 개입과정에 대해 평가를 해야 한다. 이것은 개입이 얼마나 성공적이냐에 따라서 개입을 계속할 것인지, 수정할 것인지, 혹은 철회할 것인지, 새로운 계획과 계약으로 조정할 것인지를 결정하게 되는 것이므로 목표달성에 매우 중요한 영향을 미치게 되기 때문이다.

⑤ **평가 및 종결단계**

평가 및 종결단계는 초기과정과 개입과정을 거치면서 실행되어 온 일체의 과정들이 목표가 달성되었는지, 혹은 대상자에게 기대되었던 변화가 일어나게 되었는지를 객관적으로 검증하고 판단하는 과정이다. 즉, 초기단계에 설정되었던 목표가 달성되고 기대되었던 변화가 일어났다면 종결지어야 한다. 종결시기에는 수행되어 왔던 과정에 대하여 논의하고 대상자가 발전되고 변화된 모습에 대해 인정해 주고 적극적으로 축하해 주도록 한다. 혹 남겨진 미해결과제가 있음과 변화가 지속적으로 유지되어야 함에 대해 언급하고, 이에 대해 대상자가 스스로 해결해 나갈 수 있는 지에 대해서도 함께 논의해야 한다.

실천현장의 개별실천에서 종결은 대상자에게 긍정적인 성과를 얻게 한 다음 돕는 관계를 끝내게 되는 적절한 시점에서 상당한 기술과 신중한 계획을 필요로 한다. 특히 종결을 통해 퇴행현상이 발생하는 것에 유의해야 한다. 이는 의존하려는 욕구와 관계를 끝내는 데 대한 불안감의 표출이기 때문에 지나친 단절이나 밀착이 없는 성숙한 태도의 종결은 매우 필수적이다.

사회복지사는 종결에 앞서 개입과정 및 성과에 대해 전반적인 평가를 해야 한다. 즉, 사회복지사는 자신이 수행한 업무에 대해 과학적으로 평가하고 그 결과를 보고해야 하며 자료화하고, 더 발전적인 개입방안을 모색하는 근거로 삼아야 한다. 평가를 잘하기 위해서 사용되는 지침은 다음과 같다(김기태 외, 2002; 홍봉선・남미애, 2009).

○ 타당성과 신뢰도가 검증된 구체적 측정도구[3]를 사용

○ 측정절차와 측정도구는 간단하고 대상자가 사용하기 쉽고 간략한 것으로 대개 15분에서 20분가량 소요되는 분량의 측정도구가 적당하며 개입 전·후 실시

○ 관찰, 문제 행동의 빈도, 태도, 감정의 강도, 발생빈도, 느낌 등에 대해 질적 측정도구를 대상자뿐만 아니라 친구, 가족 등 관련 주변 인물의 인터뷰를 통해 평가 자료 획득

○ 사회복지사는 측정 영역을 종속변수(개입결과)와 독립변수(개입방식이나 접근법)로 나누어 체계화하는 조사지식 보유

평가를 위한 설계

단일사례설계

- 개인을 대상으로 하는 사회복지실천의 평가에서 널리 활용되는 평가방법
- 독립변수(개입)과 종속변수(결과) 사이의 인관관계를 설정하기 위해서, 통제된 환경하에서 한명의 대상자에 대하여 개입하기 전과 후의 변화를 반복해서 측정하여 평가하는 방법
- 기초선 단계(baseline phase) : 개입이 시작되기 전 단계로 통제집단의 역할
- 개입단계(intervention phase) : 개입이 시작된 후의 단계로 실험집단의 역할
- 유형

  1) 기본설계(AB설계)

  특징 : 개입 전후 비교 가능 그러나 개입 받지 않은 경우와 비교는 불가능

  2) 철회설계(withdrawal design : ABA설계, ABAB설계)

  특징 : 개입전후 비교 가능, 그러나 개입받지 않은 경우와 비교는 불가능

  3) 복수기초선설계(multiple baseline design : AB, AAB, AAAB)

  특징 : 개입 전후 비교 가능, 개입받지 않은 경우와 제한된 비교 가능

출처 : 신성자(2012) 재인용.

3) 대상자 사정 시 어떤 척도를 사용할 것인가를 선택

2. 집단실천에 대한 이해[4)]

1) 집단실천에 대한 이해

집단중심의 사회복지실천은 사회복지실천에서 가장 빈번하게 사용되는 실천방법론이다. 대상자는 가족 외 친척, 친구, 동료 등 다양한 형태의 집단에 소속되어 있고, 집단에 의해 평가와 지지, 조언에 영향을 크게 받으며, 이에 대해 긍정적이며 수용적인 경향을 보인다.

집단실천은 구조화된 집단의 상호작용을 통해 구성원들이 좀 더 적응적인 사회적 기술과 기능을 수행하는 과정으로 집단경험을 통해 구성원들이 의사소통 능력, 적응적 대처기술, 효과적인 문제해결기법을 개발하도록 하는 것을 목적으로 한다. 즉, 집단실천이란 사회사업의 방법론으로서 의도적인 집단경험을 통해 개인의 사회적 기능을 향상시키는 것이다(CSWE, 1959).

2) 집단실천의 과정

집단실천은 개별중심실천에서처럼 중요한 과정별 단계를 거치게 되며 과정별 실천기술과 전략이 필요하다. 사회복지에서의 집단실천을 계획 및 준비단계, 실행단계, 종결 및 평가단계로 나누어 살펴보도록 한다(조학래, 2006).

(1) 계획 및 준비단계

집단실천을 계획하고 준비하는 단계에서 사회복지사가 고려해야 할 실천 내용은 다음의 <표 3-6>과 같이 나타낼 수 있다.

<표 3-6> 집단실천 계획 및 준비단계의 실천 내용

계획서 작성	① 필요성과 실시배경 ② 이론적 배경 ③ 목적 및 목표 ④ 프로그램 개요 ⑤ 프로그램 세부내용(회기별 일정 및 내용 개요) ⑥ 프로그램 평가방법 ⑦ 기대효과

4) 집단실천을 위한 관련 계획서 작성 및 진행 관련 세부적인 내용은 제4절 프로그램 기획에 제시되어 있음

	⑧ 프로그램 예산 – 대상자, 일정, 횟수, 장소, 지도자, 홍보 및 구성원 선발방법, 필요 자원연계 및 협력체계 등
각종 서식 준비	① 대상자 기록카드(개별 프로파일, 인테이크지) ② 참가동의서(본인, 보호자 : 아동·청소년의 경우), 가정통신문(아동·청소년의 경우 프로그램 참가 관련), 계약서(집단규칙 포함), 계약서, 개별 약속이행표 등 ③ 프로그램 과정·관찰기록지 ④ 세부지도안 ⑤ 평가용 설문지(사전·사후, 일일평가 및 소감문) ⑥ 구성원 연락처 및 출석부 ⑦ 회기별 활동지 ⑧ 제출서류(영수증 및 물품대금 관련) ⑨ 집단 계획·중간·최종 보고서 양식
집단 사정 및 개별 사정	① 전체 집단에 대한 사정 – 집단의 행동양식, 집단 내 하위집단 형성, 집단의 규범이나 가치 등에 대한 사정 – 집단의 준비단계에서부터 종결단계 내내 이루어져야 함 ② 개별 성원에 대한 사정 – 개인의 환경적 배경, 개인적 욕구 및 해결해야 할 개인 목표, 개별 성원의 기능적·비기능적 행동, 강점 등 관련 정보 습득을 통한 개별 사정 – 비자발 대상자에 대한 고려(문제유형, 참여의사, 집단응집력에 부정적 영향 고려 등)
계획 및 준비단계 시 고려해야 할 사항 Tip	– 계획서작성 전 슈퍼바이저에게 구두 승인 후 일목요연한 계획서 작성 – 대상자 홍보 및 선정에 있어 낙인감 없는 홍보방법 선택 공개모집 후 개별 접근, 구성원 선별 – 집단구성원의 모집과 구성 집단 성원의 이질성과 동질성, 개방집단 대 폐쇄집단, 자발 대 비자발(의뢰, 징계나 처벌 등) – 집단구성원에 관한 자료 수집 – 집단의 구조 목적에 따라 다름. 크기 : 8~15명 내외, 기간, 회합 빈도와 시간, 소요시간 등 – 집단환경에 대한 배려 비밀성, 친밀감, 편안함, 집중도, 의자 배치, 조명, 적당한 방의 크기 등 – 지도자 및 공동 진행자의 역할 명시 소진 예방, 역할분담, 관점의 차이 극복, 구성원관찰 등 – 자원연결 및 협력체계 구축 기관 내·외 협력체계, 외부자문, 물적 자원 확보, 가용·유용 자원 연계 등 – 사회복지사의 집단실천 관련 지식 및 기술 인간 본성 이해를 위한 이론적 접근 관련 지식/ 인간 행동에 관한 다양한 이론적 접근을 토대로 한 개념화/ 개념화에 기초한 집단작업 계획 및 전략 수립/ 집단실천 기술

출처 : 조성심 외(2020).

사회복지사는 집단실천을 위해 계획하고 준비하는 단계에서 집단 구성을 위해 점검해야 할 여섯 가지 영역이 있다.

○ 첫째, 욕구파악

집단 성원들이 염려하는 영역이나 문제, 과제들에 대한 욕구에 대한 충분한 파악

○ 둘째, 목적과 목표

집단의 목적과 목표 설정에 개별적 목표가 어떻게 연결되는가?

○ 셋째, 집단구성에 대한 설계

집단구성원의 수와 구성원의 성향(동질성 대 이질성) 및 집단지도자 선정

○ 넷째, 집단구조에 대한 설계

집단운영을 촉진하는 집단의 구조에 대한 점검(빈도, 기간, 장소, 시간 등)

○ 다섯째, 집단의 내용

집단 목적 달성을 위해 활용될 구체적 도구와 수단에 대한 결정 및 집단 내에서 실제 벌어질 일에 대한 준비

○ 여섯째, 사전접촉

집단 참여를 위해 개별의 욕구와 목표에 대해 파악하고 준비시키기

(2) 실행단계

실행단계는 집단실천이 시작되는 단계로 초기, 중기, 종결기로 나눌 수 있으며 매 회기별 도입, 전개, 종결의 과정을 거치게 된다. 다음의 <표 3-7>는 집단의 실행단계별 주요활동과 집단의 특성 및 과제를 비롯하여 학교사회복지사가 수행해야 할 역할을 나타낸 것이다(최세나, 2011).

<표 3-7> 실행단계의 집단과정별 내용

내용 \ 과정	초 기	중 기	말 기
주요 활동	• 오리엔테이션, 집단·개별목표 합의 • 집단규칙 합의, 계약 • 관계형성, 친밀감 조성 • 집단에 대한 이해 • 비밀보장, 고지된 동의 명시	• 갈등해소하기 • 활동별 목표 달성하기 • 집단 친밀감, 응집력, 역동성 향상 • 중간평가(개인, 집단)	• 분화 및 분리 • 목표달성을 통한 문제해결 • 종결평가 • 타 집단 참여 여부, 개별관리, 의뢰 등 종결 후 사후관리 계획
집단특성	• 낯섦과 적응을 위한 탐색 • 불안과 불신 • 집단지도자 및 구성원과의 대화 시도	• 집단 내 자신의 위치 파악 • 하위집단 형성 • 집단성원 및 리더를 실험하고 신뢰 • 소속감 형성	• 자유로운 대화 • 집단경험이 자신의 생활에 준거틀이 됨 • 양가감정 및 퇴행 발생
집단과제	• 감정과 사고의 표현과 태도 등에 대한 학습 • 집단 과정의 기초지식 학습 • 집단규범 이해와 설정 및 계약 • 집단 내 타인에게 자신 알리기	• 친밀감 형성 • 갈등과 협력 • 신뢰관계 형성 • 경청과 자신의 의사 적극적 표현 • 회기별 목표 달성	• 독립성과 자율성 높이기 • 경험을 내재화하기 • 이별에 대한 대치 • 완성하지 못한 목표에 대처하기 • 집단경험을 일반화하기
사회복지사의 역할[5]	• 구성원 준비시키기 • 집단과정의 기본 원리 및 진행 방식을 반복적으로 주지시키기 • 관계형성 및 불안감 해소를 위한 친밀감 및 신뢰감 형성 • 참여방법 가르치기, 참여기회 증가 • 저항 다루기 • 애매모호한 상호작용 대처 • 자신의 역할 설명하기 • 집단 상호작용 관찰 및 평가 • 결석, 지각에 대한 대처 • 차기 세션에 대한 공지 • 보조지도자 역할 부여하기	• 개입에 대한 모니터링 • 하위집단에 대한 대처 • 개별 구성원에 대한 개입 • 환경변화에 초점을 두는 개입 • 집단응집력 및 역동성 강화하기 • 집단과정에 대한 목적 환기시키기 • 집단 및 개별목표달성에 대한 지속적 모니터링과 동기부여 • 갈등상황 다루기 • 반응에 대한 표현 격려하기 • 강점관점 유지하기 • 집단의 현 위치 파악하기 • 중간평가를 통한 조정 및 수정계획	• 종결 관련 분리감정 다루기 • 활동에 대해 보상하기 • 구성원의 성장과 변화 평가하기 • 피드백 제공 • 집단경험에 대한 회고 • 미완성 과업을 다룰 수 있는 기회 제공하기 • 긍정적 변화의 지속화를 위한 강화 및 사후관리 • 재개입이 필요한 구성원에 대한 계획 • 집단 및 개인의 목표달성에 대한 최종평가

출처 : 김성이 외(2004); 최세나(2011) 재수정 및 보완.

---

5) 사회복지사의 집단 진행 전 과정 공통 기술 tip
- 보상과 간식지급
- 회기별 과정·관찰기록지 작성 및 평가
- 강점관점 접근
- 긍정적 의사소통의 기회 확대
- 합의된 사항의 명료화와 재인식
- 한 번 사용한 방법 사용하지 않음
- 집단발달단계에 따른 집단 운영 조절
- 중도탈락에 대한 예후 관찰 및 대처
- 각 구성원의 참여 극대화를 위한 책임감 부여 및 회기별 리더화
- 성공적 경험 부각(잘하는 것 더 잘하게 하기)
- 활동별 자가 평가회 제공
- 활동내용 교내 전시를 통해 자존감 향상
- 융통성 있는 진행(분위기 전환용 프로그램 가미)

집단실천은 목적이나 대상, 운영방법에 따라 차이가 있으나 대개는 10회기 내외로 진행된다. 초기단계는 집단의 구조에 대한 오리엔테이션과 탐색의 단계로 주로 1회기부터 2~3회기까지로 오리엔테이션을 회기에 넣기도 하고 따로 진행하기도 한다. 중기단계는 집단의 목표를 달성해 나가는 과정으로 2~3회기부터 7~8회기까지 진행된다. 말기단계는 집단의 목표가 달성되고 분리되는 단계로 7~8회기부터 10회기까지의 과정이다.

집단의 회기별 과정 진행은 도입, 전개, 정리의 3단계로 나누어지며 한 회기별 진행시간이 90분이라고 할 때 <표 3−8>과 같이 시간별 진행과정의 특징을 살펴볼 수 있다(박경현, 2011).

<표 3-8> 회기별 집단진행의 단계별 주요내용

단계	시간	주요활동	유의점
도입	20분	• 출석확인 • 인사 및 나눔 • 지난 활동 관련 회고 및 과제 확인 • 본회기 활동 목표 확인	• 활동목표에 대해 구성원들의 인식과 합의를 충분히 끌어냄 • 필요시 규칙을 재확인함 • 도입은 전체 진행분위기를 좌우하므로 흥미롭게 시작함
전개	50분	• 활동준비 (강의, 시연, 학습 등) • 체험활동 (롤 플레이, 작업 등) • 피드백 (활동에 대한 평가, 수정 등)	• 특정 구성원의 독점과 소외를 관찰하고 조절함 • 외부로부터 충분히 안전한지에 대해 확인 • 회기 목표에 부합되면서 지루하지 않고, 쉽고, 흥미롭게 역동적으로 융통성 있는 진행 • 다양한 도구의 활용(중간 보상물 제공 등) • 구성원의 부정적 행동에 대해 강점관점으로 접근하며 낙인감 없게 처리하기 • 긍정적 행동 및 역동성에 대해 적극적 칭찬하기
정리	20분	• 과제부여 • 일일평가 작성 및 소감 나누기 • 차기 모임에 대한 공지	• 자신과 타 구성원의 참여도에 대하여 칭찬과 반성, 기타 감정에 대한 충분한 공유 • 부정적 평가에 대해 비난하지 않기

출처 : 박경현(2011) 수정 및 보완.

집단 매회기 종결 시 유용한 과정질문 목록

하나, 집단에서 원하는 것을 얻고 있습니까?
둘, 오늘 이 집단에서 어떤 경험을 했습니까?
셋, 이번 집단을 통해 무엇을 배웠습니까?
넷, 오늘 이 집단에 참여하는 동안 어떤 느낌이 들었습니까?
다섯, 여러분들은 오늘 배운 것을 일상생활 속에서 어떻게 적용할 계획입니까?
여섯, 오늘 집단활동 내용이 만족스럽지 못하다면 어떻게 바꾸어 보고 싶습니까?
일곱, 집단에서 배운 것을 실천하기 위해서 다음 회기까지 무엇을 할 예정입니까?

출처 : 강진령(2011).

(3) 종결 및 평가단계

이 단계는 집단 구성원들의 목표성취도가 다양하여 결과에 만족하거나 좌절하는 구성원이 생길 수 있다. 그러므로 종결과 함께 집단 전체의 목표성취와 개별 구성원의 목표달성에 대해 평가함으로써 재개입이나 사후관리에 대한 계획을 세워야 한다. 또한 구성원들은 종결에 대해 다양한 정서적 반응을 보이게 되므로 이에 대해 탐색하고 지지하며 종결에 대해 명료화할 필요가 있다. 집단경험이 성공적일 때, 집단성원들은 이 모임을 지속하고자 하는 욕구를 보이기도 하는데 이런 경우 사회복지사는 그들이 자조집단으로서의 기능을 수행할 수 있도록 지원해야 한다.

종결단계에서 가장 중요한 활동은 평가와 보고이다. 평가는 프로그램 계획 시 설계하였던 사전·사후 척도에 대한 측정[6]과 개별목표 성취 평가, 집단과정 기록 및 관찰기록지, 회기별 평가서와 소감문, 주변 관련 인물과의 인터뷰 등 다양한 평가도구를 활용해야 한다. 보고서는 계획서를 포함하여 프로그램의 세부진행에 대한 과정기록 및 평가, 예산결산 등의 내용을 포함하여 작성하여야 하며 기관에 공식적으로 보고해야 한다.

---

6) 프로그램을 통해 집단구성원들의 변화를 의도하였던 목적에 따라 검증되고 객관화된 척도를 사용할 수 있다. 척도 관련 참고자료는 고려대학교 부설 행동과학연구소(1998)의 심리척도 핸드북, 서울대학교 실천사회복지연구회(2003)의 사회복지척도집, Corcoran, K. & Fischer, J., 1994, Measures for Clinical Practice; A Sourcebook, 2nd vol1, 2 Free Press 등이 있다.

집단실천에서 평가방법의 예

- 실험조사설계(experimental design)
  통제집단 전후 비교설계, 통제집단 후 비교설계
- 유사실험 조사설계(quasi-experimental design)
  시간연속설계, 비동일통제집단 비교설계, 분리표본 전후 비교설계
- 전실험조사설계(pre-experimental design)
  1회 검사 사례연구, 정태적 집단비교

출처 : 전재일(2011).

(4) 사후관리

집단 종결 시 구성원들을 대상으로 집단실천의 효과가 지속되게 하기 위한 사후관리계획이 필요하다. 목표달성에 성공적인 구성원의 경우 긍정적 변화의 지속화와 강화를 지원해야 하며 목표 미완성 달성자에게는 미완성 과업에 대해 다룰 수 있는 기회를 제공해야 하기 때문이다. 필요시 지역사회 내 자원을 연계하거나 다른 프로그램으로 연결하여 재개입하기 위한 계획을 세워야 한다. 프로그램 종결 후 참여자들에 대한 지속적인 사후관리는 프로그램의 효과성과 효율성을 증진시키는 것이며, 추수 설문조사를 실시하여 프로그램에 대한 장기적인 평가를 실시할 수 있다.

제 3 절 사례관리에 대한 이해

1. 사례관리의 개념

사례관리란 장기적이고 다양하며 복합적인 문제와 욕구를 가지고 있는 클라이언트의 욕구를 충족시키고, 사회적 기능 향상을 위해 필요한 사회자원 연결과 조정 등의 체계적이고 통합적인 서비스를 제공하는 실천방법이다.

2. 사례관리의 특성

○ 다양한 문제와 복합적인 욕구를 가진 클라이언트를 대상으로 함

○ 문제해결과 치료보다는 욕구 충족과 보호에 중점

○ 클라이언트의 사회적 기능과 독립을 극대화하기 위해서 보호의 연속성과 책임성 보장

○ 서비스의 효과성과 효율성을 높이기 위해 포괄적인 서비스를 제공하고 서비스의 조정과 점검 실시

○ 클라이언트와 그들의 사회환경과의 상호작용에 관심을 집중시키며 다양한 지원체계의 광범위한 서비스 활용

○ 가정방문과 같은 방문원조 안내, 의뢰 등과 같은 적극적인 클라이언트와의 접근 강조

○ 클라이언트수준에서 클라이언트 각자의 욕구를 개별화하며 개입과정에서 클라이언트의 강점과 참여 및 자기결정을 촉진

○ 미시, 중범위, 거시수준의 개입으로 개별적인 실천기술[7)]과 지역사회실천기술을 통합한 형태

3. 사례관리의 목적

○ 보호의 연속성 : 어떤 일정한 장소나 기간 내에서 계속적으로 서비스 제공

○ 서비스의 통합성 : 많은 기관의 서비스기능을 통합한 체계 확보

○ 서비스에 대한 접근성 : 서비스 접근에 대한 장애물 극복과 필요한 서비스 제공

○ 사회적 책임 : 서비스욕구에 적합하며 한정된 자원으로 최상의 서비스 제공

○ 독립성 : 클라이언트가 사례관리자의 도움 없이 자원들과 연결 유지

---

7) 개별실천의 과정 참조

4. 사례관리자의 역할

○ 사정자 : 클라이언트의 강점, 능력, 성장과 발전 가능성, 건전한 기능, 자원, 잠재력 등에 대한 사정

○ 계획자 : 사례계획, 개입, 서비스 통합, 기관의 협력 및 서비스망 설계

○ 상담자(교육자) : 클라이언트에 대한 이해와 클라이언트가 자원 개발 및 유지할 수 있도록 지도

○ 중개자 : 클라이언트에게 유용한 자원 연결

○ 조정자 : 중복 혹은 누락된 자원에 대한 조정

○ 평가자 : 서비스에 대한 평가

○ 옹호자 : 클라이언트체계에 대한 옹호

5. 사례관리의 과정

사례관리과정은 기본적으로 개별실천의 과정을 따르며 |그림 3−1|과 같은 과정으로 진행되며 그 절차는 |그림 3−2|와 같다(창동종합사회복지관, 2020; 희망복지지원단, 2014).

첫째, **사례개발과 접수** : 클라이언트확인, 신뢰감 형성, 접수(intake)

둘째, **사정** : 클라이언트 욕구, 클라이언트 능력, 공식적인 자원체계, 비공식적인 자원체계

셋째, **실천계획 및 목표설정(사례관리 계획 수립)** : 서비스 개입계획, 자원확인과 목록화

넷째, **개입 및 조정(재사정)** : 직접개입(클라이언트 기술, 능력 및 문제경감 활동), 간접개입(클라이언트와 대인 서비스 제공자의 연결, 중개, 옹호, 사회적지지 등)

다섯째, **점검 및 옹호** : 서비스 계획의 적절성, 제반적인 서비스에 대한 점검과 옹호

여섯째, **평가** : 서비스와 지지계획의 목표 달성 여부

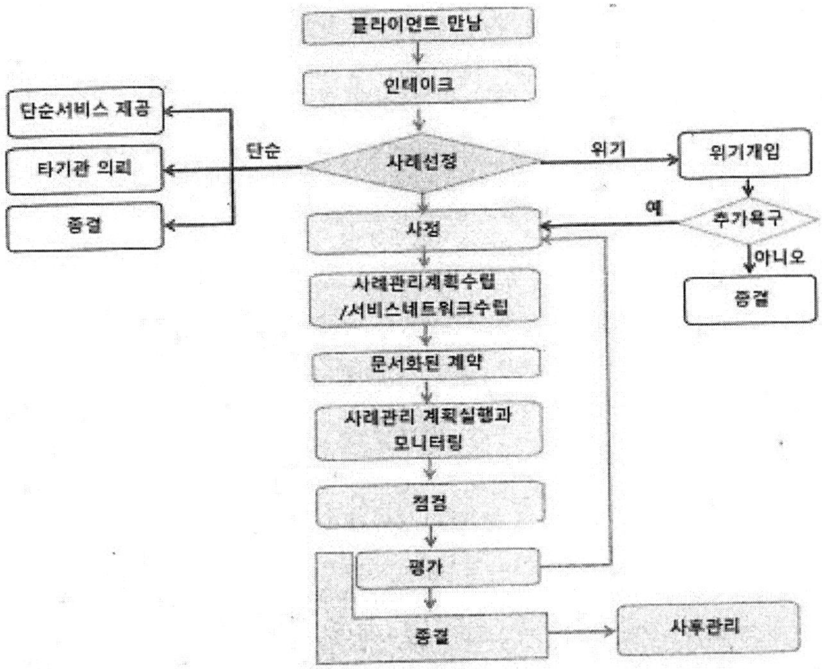

|그림 3-1| 사회복지실천현장 사례관리 과정

과정	접수 (대상자 발굴 및 관리)	사정 (욕구조사 포함)	계획 (목표수립)	실행 (서비스연계 및 점검)	평가	종결 및 사후관리
실천과업	• 직접발굴 • 의뢰 • 사례관리 합의	• 해결하기 원하는 욕구 확인 • 강점확인	• 목표합의 • 실행합의 • 주체별 역할 수행표	• 실행과정 지원 • 점검/ 조정 • 주체별 역할 수행	• 평가근거 확보 • 종결평가	• 종결합의 • 성과확인
기록서식	• 서비스 신청서 • 의뢰서	• 인테이크 기록지 • 사정틀 • 욕구조사표	• 서비스 계획서 • 서비스 동의서	• 과정기록 • 의뢰서 • 서비스 점검 및 결과서	• 사례관리 평가서	• 사례종결 평가서 • 사후관리 계획
		⇧			⇧	
지원	슈퍼비전, 교육, 사례회의 (슈퍼비전 기록지, 교육참가 보고서, 사례회의기록지)					

|그림 3-2| 사회복지실천현장 사례관리 절차

6. 사례관리 대상

사례관리 대상은 지역에서 보호가 필요한 계층으로, 절대빈곤층과 차상위계층 또는 긴급지원 대상에 속하는 가구(일반가구 포함)로서 지속적·복합적 욕구를 가진 가구로 |그림 3-3|과 같다(서울시복지재단, 2013; 희망복지지원단, 2014).

○ 복지서비스 사각지대 가구 우선대상

○ 해체 위기가구, 경제적 기능 상실가구, 개입이 필요한 조손 및 한부모 가구 등

○ 긴급지원 대상자 중 지속적·복합적 복지서비스 필요 가구

○ 복지관에서 사례관리 대상가구로 선별된 가구 등

○ 대상 분류 : 일반주민군, 차상위사각군, 기초생활보장군, 긴급지원대상가구

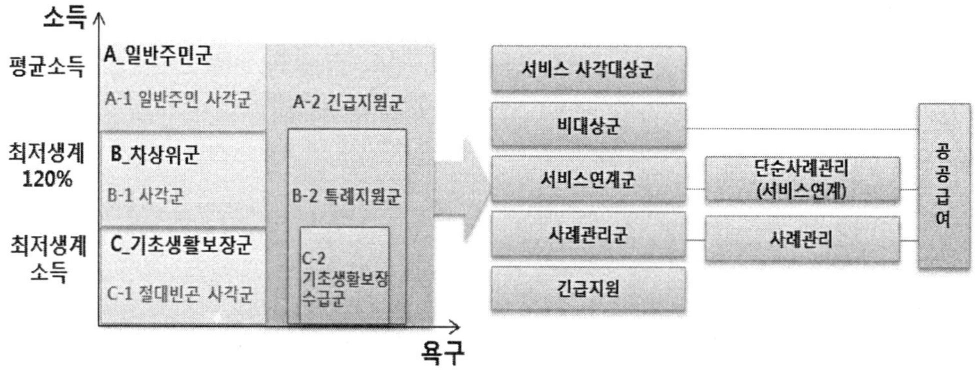

|그림 3-3| 사회복지실천현장 사례관리 대상

제4절 프로그램 기획

사회복지실천에서 대상자에 대한 프로그램을 기획하고 실행하며 평가하는 것은 중요한 실천 과정으로, 사회복지실천현장에서 주로 활용되는 논리모델에 의거한 프로그램 기획과정은 |그림 3-4|와 같으며 프로그램 개발 총괄표는 |그림 3-5|와 같다(조성우 외, 2018; 창동종합사회복지관, 2020).

|그림 3-4| 프로그램 기획(논리모델)

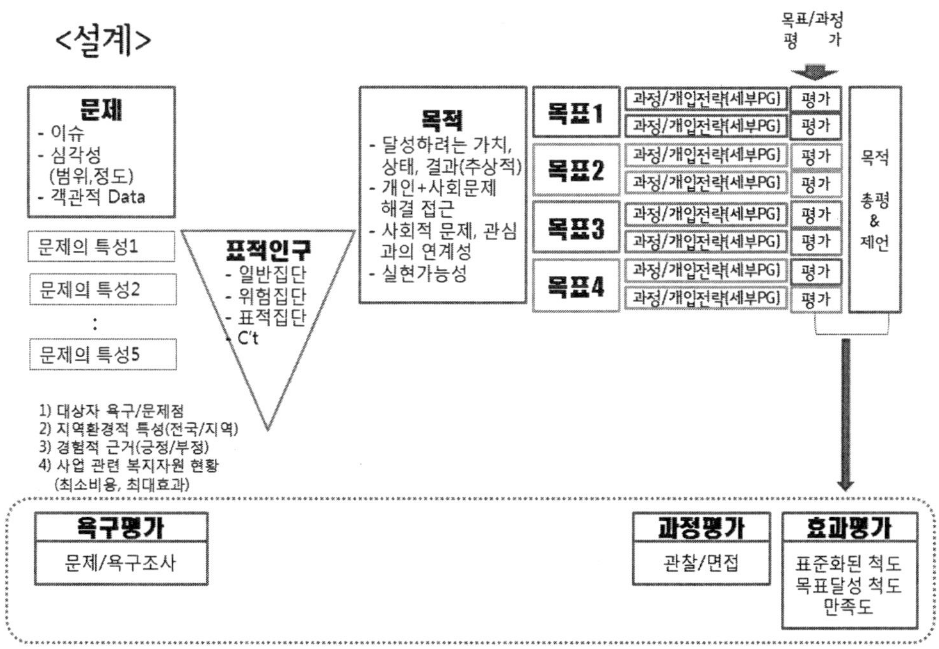

|그림 3-5| 프로그램 개발 총괄표

다음은 프로그램 기획 순서의 예시로 준비 및 계획단계, 실행단계, 평가 및 종결단계로 구분되며, 구체적인 프로그램 계획서 내용은 다음과 같다.

준비/ 계획 단계	➡	실행 단계	➡	평가 및 종결 단계
• 예비조사(기획을 위한) • 문제확인/ 욕구측정 • 목적/ 목표 설정, 수립 • 개입전략 (대안선택, PG 설계) • 자원동원 (예산, 인적/ 물적자원 등) • 관리정보 시스템 • 평가 계획		• 프로그램 실행 • 진행과정 점검 • 중간평가		• 과정/ 형성평가 • 결과/ 총괄평가 – 효과성 평가 – 효율성/ 능률성 평가 – 서비스 질 – 대상자 만족도 • 사후관리계획 • 결과보고서 작성

※ 복지관 내 집단 프로그램 준비 및 계획단계

기획회의 – 피드백교환	➡	내부기안 – 프로그램계획서	➡	세부 프로그램 (별첨)계획서	➡	과정기록서	➡	내부기안 – 프로그램 평가서

출처 : 창동종합사회복지관(2020).

1. 프로그램명(사업명)

○ 사업의 제목(프로그램의 목적을 잘 나타낼 수 있는 제목으로 선정)

○ 프로그램의 성격을 명확하게 함축적으로 제시

○ 예 한국담배인삼공사 지원, 학교사회복지 『건강한 가정, 즐거운 학교』 만들기 프로젝트 / 경기북부공동모금회와 함께하는 희망병영

2. 프로그램의 필요성(문제 및 욕구 분석)

○ 다루려고 하는 욕구와 문제를 묘사하고 문제의 원인을 기술하고 욕구를 창출하는 환경을 파악하며, 기존의 접근법이나 해결방안들을 중심으로 기술

○ 대상자 욕구 및 문제점, 문제의 심각성과 문제의 정의, 경험적 근거 제시
- 대상자 욕구 및 문제점 : 프로그램 실시 이유
- 문제 심각성 : 문제의 범위와 문제의 정도
- 문제 정의 : 문제 범위를 객관적 자료로 정의
- 경험적 근거 : 본 프로그램과 관련된 지역 복지자원 현황

○ 예 교육복지 지원을 위한 프로그램 프로포절 작성에서 필요성 예시(아산재단)

프로그램의 필요성 예시

최근 소득분배구조의 악화와 취약계층의 확대로 교육현장에서는 학생 간의 다양한 격차를 보이고 있다. 특히 **대학교가 위치한 ***지역은 미군이 주둔하고 있는 지역특성으로 경기북부 인접 타 지역보다 경제적으로, 문화적으로 어려운 가정환경을 가진 학생들이 많으며, 해마다 학교 부적응으로 가출하는 학생 수가 증가하고 있어 지역사회의 문제로 대두 되고 있다. 또한 의정부를 비롯하여 철원, 포천, 남양주, 구리 등의 인근지역은 교육복지우선사업 시행으로 저소득층 학생들을 대상으로 다양한 복지혜택이 주어지고 있는 반면 ***지역은 교육복지의 사각지대로서 중앙정부 및 지방자치단체의 지원이 매우 열악한 실정이다.
이에 **대학교 학교사회복지 아카데미 동아리 구성원들은 *** 지역의 중학생을 대상으로 **대학교와 ***교육청, ***자원봉사센터 및 ***건강가정지원센터와 연계하여 지역 청소년의 문제와 관련된 제반 자원을 공유하고 상호교류하며, 적절한 서비스를 원조하기 위해 연계망을 구축하여 대상 중학생들의 문제를 사전에 예방하고 정서적·사회적으로 건강한 발달을 도모하는 교육적 성장을 지원하고자 한다.

출처 : 조성심(2011).

3. 프로그램 목적 및 목표

1) 목적 : 프로그램이 이루고자 하는 이상적인 방향성을 제시하는 것으로 포괄적이고 추상적인 가치 혹은 상태
2) 목표 : 목적을 보다 구체화(한 가지 이상 작성)한 것으로 구체적으로 해결·도달하고자 하는 상태

3) 세부목표(하위목표) : 목표에 따른 구체적이고, 측정가능하고, 계량화된 목표(프로그램 실행 후 목표달성 여부를 평가할 수 있도록 측정 가능한 언어로 표현(SMART : 구체적, 측정 가능, 성취 가능, 결과 지향적, 시간제한)

4) 예

○ 프로그램 목적

사이버 섹스중독의 유해성을 인식시키고, 고위험군 청소년이 스스로 올바른 성정체성을 확립하고자 한다.

○ 프로그램 목표 1 : 일반청소년들을 대상으로 사이버 섹스중독 유해성을 인식시킨다.

- 세부목표 1 : 사이버 섹스중독의 유해성을 전할수 있는 홍보 및 예방 팜플렛을 서초구의 3개 중학교 2학년 전체에게 배포한다.
- 세부목표 2 : 서초구의 3개 중학교 2학년 전체에게 사이버 섹스중독 자기평가를 실시해 볼 수 있도록 한다.

○ 프로그램 목표 2 : 본 프로그램에 신청한 학생 중 고위험군으로 분류된 학생(36명)을 대상으로 사이버 섹스중독의 유해성을 인식시키고 성정체성을 명확하게 확립하도록 한다.

프로그램의 목표작성의 구조

목 적	산출목표	성과목표

- 산출목표 : 목적 달성을 위해 성취해야 하는 단계적 상태 또는 구체적이고 측정 가능한 과업, 사업시행을 통해 발생하는 산출물(타당도, 측정가능, 구체적 목표)
(예 OO지역 비행청소년 20명에 상담서비스 월 3회, 총 18회 시행)
- 성과목표 : 사업의 결과로 나타나는 가시적 또는 잠재적 효과・변화 ⇒ 목적/ 목표의 반복기술이 아님
(예 프로그램 대상 청소년 20명의 비행행동의 감소)

• 성과목표의 구분(2010 사회복지 성과측정 자료집 참고할 것)

구분	설명	예시
단기 성과	활동(프로그램) 참여를 통한 지식, 태도, 기술의 변화(인식, 태도, 지식, 기술, 의견, 영감, 동기)	기술 및 지식 습득 학습 흥미, 능력 향상 문제 상황 인식, 확인
	예 장애인의 이동권 보장의 중요성을 인식하게 됨	
중기 성과	단기성과(지식, 태도, 기술의 변화)로 나타나는 행동의 변화(행동, 실천, 의사결정, 정책, 사회적 행동)	직업획득 시험합격, 상급학교 진학 문제 행동의 감소
	예 아동학대의 발생건수가 감소함	
장기 성과	조건이나 상황에 대한 궁극적 변화(사회/ 경제적 지위변화, 환경변화, 지역사회변화, 파급효과 등)	경제적 안정 자립 문제 행동 중지
	예 6개월간 컴퓨터 반 수강 후 계약직으로 취업함	

• 산출목표와 성과목표를 분리하여 작성. 프로그램의 내용에 따라 산출목표와 성과표가 동일할 경우 산출목표에만 작성 기입
• 목표 기술 시 성과측정방법 기술(이 방법이 얼마나 성과를 이야기할 수 있을지 고민하고, 성과 측정 정도를 나타내지 못한다면 측정지표에 맞게 목표 수정)

출처 : 창동종합사회복지관(2020).

4. 서비스 대상 선정

○ 일반집단(general population)

해당 문제를 가질 수 있다고 판단되는 가장 포괄적인 대상 인구 집단으로 보통 계획의 대상 지역 내에 거주하며 그 문제의 속성과 관련이 있는 전체 인구집단을 지칭

○ 위험집단(at-risk population)

일반집단 중 해당 문제에 노출 위험이 있는 집단

○ 표적집단(target population)

수립하려고 하는 프로그램에 직접적으로 영향을 받는 구체적인 인구집단

○ 클라이언트 집단(client population)

해당 프로그램이 실시될 때 실제 그 프로그램의 참가자, 프로그램을 실시하는 기관의 서비스 제공 능력, 프로그램 실시시간 및 장소, 클라이언트의 관심과 자발성 등은 클라이언트 집단 결정의 주요 요인이 된다.

서비스 대상 선정 예시

대상구분	산출근거	인원수
일반집단	서초구 중학교 2학년 학생의 수	4,327 명
위험집단	일반집단 중 사이버 섹스중독 청소년 수	약 1,082명
표적집단	위험집단 사이버 섹스중독 청소년 수	약 216명
클라이언트수	본 프로그램을 신청한 고위험군 청소년 수	72명

출처 : 고신대학교(2011).

5. 프로그램(사업)의 기대효과

○ 프로그램을 통해 예상되는 기대효과를 기술

프로그램의 기대효과 예시

1. 대상 멘티의 진로성숙도・진로결정자기효능감・학교생활적응력 향상을 통해 건강한 성장 지원
2. 대상 멘티의 가정・학교생활태도의 긍정적 변화
3. 대상 멘티뿐만 아니라 멘토의 성장 지원
4. 지역사회와 학교가 교육복지 소외지역에 대한 협력관계 형성 및 저소득 학교생활 부적응 학생의 문제해결을 위한 협력적 파트너쉽 형성에 기여
5. 교육복지 정책의 효과적인 지원체계 구축

출처 : 조성심(2011).

6. 세부 프로그램 계획

○ 회기별 프로그램의 단계별 주요 내용, 세부 추진계획, 일정별 추진계획

○ 담당 인력표 제시 : 사업의 전문성 분석 및 수행 인력의 사업과 이력, 경력기재

○ 구체적인 세부 프로그램의 내용을 회기별, 월별 사업진행일정별 기술

○ 지역자원 활용계획 : 사업의 필요성에 제시된 내용

○ 홍보계획

○ 예 세부 추진계획 <표 3-9>

회기별 프로그램의 단계별 주요 내용 <표 3-10>

일정별 추진계획(Gantt chart) <표 3-11>

지역자원 활용계획 및 홍보계획 <표 3-12>

<표 3-9> 세부 추진계획

프로그램명	신체상 프로그램				
대 상	• 교육복지대상자 중 신체만족도가 부정적인 기초생활수급자 1학년 여학생 10명 이내				
횟 수	• 매회 90분 / 총 12회 / 주 2회				
일 시	• 4월 20일 ~ 7월 6일 / 매주 금요일 / 17:30 ~ 19:00				
장 소	• 교육복지실				
진행자	이름/역할	담당부서/ 직위	투입시간(1주)	경력/ 주요업무	자격증
	하**	교육복지실/ 교육복지사	4시간	학교사회복지	사회복지사 1급
	김**	자원봉사/대학생	2시간	자원봉사	–

출처 : 최경일 · 조성심(2014).

<표 3-10> 회기별 프로그램의 단계별 주요 내용

회기	체계	주제	세부계획	비고
1	준비 과정	오리엔테이션	• 프로그램의 목적설명 • 게임을 통한 친밀감 형성하기 • 사전검사(자아존중감, 신체만족도, 학교생활적응력) • 사전조사	검사지
2	개인	변화하는 나의 몸	• 신체 콜라주 • 자기 들여다보기 • 자신의 신체에 대한 특성 발견 • 신체 세밀히 살피기	-
3		바른 신체상	• 신체상 바르게 이해하기 • 신체에 대한 바른 이해를 통해 왜곡된 자신의 신체상을 바르게 인식하기	PPT, 활동지
4		대처능력 키우기	• 신체상에 관련한 상황에 대한 대처능력 키우기 • 긍정적 상황 : 칭찬연습 • 부정적 상황 : I-message로 대처하기 연습	PPT, 활동지
5	또래	관점의 차이 발견	• 이상형 월드컵 • 남녀의 자아상과 이성상 파악하기 • 남녀 간, 동성 간의 서로 다른 생각을 파악하고 이해하기	PPT
6		지지활동	• 별나무 만들기 • 집단 구성원들의 장점을 별나무에 꾸며서 선물하기	-
7	지역 사회	외부활동	• 미정	욕구조사 의거 후 선정
8	가족	가족의 의사소통	• 가족 의사소통 피자 만들기(신체상 관련) • 긍정적인 가족 의사소통을 발견해서 피자 토핑으로 꾸밈 • 가족에게 쓰는 편지 • 가족에게 고마웠거나 앞으로 바라는 점을 기록함 • 칭찬스티커 만들어 오기	-
9	학교	인식개선활동 I	• 신체상에 관련된 불합리한 학교문화에 대한 토론 • 긍정적인 신체상을 갖기 위한 학교문화 변화의 필요성 인식 캠페인 구상	-
10		인식개선활동 II	• 긍정적인 신체상 형성을 위한 학교문화만들기 캠페인 준비 • 게시물, 유인물 만들기 작업	-
11		인식개선활동 III	• 긍정적인 신체상 형성을 위한 학교문화 만들기 캠페인 • 화장실, 교실 등에 게시물 부착 • 교사에게 관련 유인물 전달 및 내용 홍보	-
12	종결	마무리 및 총평가	• 전체 프로그램 참여과정 정리하기 • 프로그램 참여 소감문 작성하기 • 사후검사(자아존중감, 신체만족도, 학교생활적응력) • 사후조사	검사지

출처 : 최경일 · 조성심(2014).

<표 3-11> 일정별 추진계획(Gantt chart)

단계	내 용	2012년					
		7월	8월	9월	10월	11월	12월
여건 조성	실태조사	*					
	사업계획서 수정·확정	*					
대상자 모집 및 매칭	참여학교 신청접수	*					
	참여자(멘토, 멘티) 선정	*					
	참여자 확정 및 매칭	*	*				
멘토 육성	멘토 교육 및 재교육		*	*	*	*	
	멘토 슈퍼비전 회의		*	*	*	*	*
멘티 준비	멘티 사전 교육 및 재교육		*		*		
	사전, 사후 척도 검사		*				*
연수	교사연수		*				
	학부모연수			*			
멘토링 실행 (활동)	결연식		*				
	멘토 위촉장 수여		*				
	멘토링 활동(1대 1 개별활동)		*	*	*	*	*
	진로탐색 집단 멘토링 활동(멘토링 집단활동)			*	*	*	*
	문화체험활동		*		*		*
멘티 사례 관리	학부모 면담		*	*	*	*	*
	멘토(교사)면담		*	*	*	*	*
	지역사회 자원 연계		*	*	*	*	*
중간 평가	중간보고서 작성			*			
	멘토 & 멘티 중간평가 실시			*			
최종 평가	종결식 및 보고회(활동결과물 전시)						*
	사업 최종 보고서 제출						*

출처 : 조성심(2011).

<표 3-12> 지역자원 활용계획 및 홍보계획

자원명	활용계획		비고
A, B종합사회복지관 및 ** 가족상담소	서비스 발굴 및 공유, 아동사례 연계(3case)		업무협조공문발송
**대학교 사회복지학과	대학생 자원봉사자 연계(4명)		업무협조공문발송
홍보방법	**홍보내용**	**홍보기간**	**비고**
복권기금 아동청소년야간보호사업 홍보지 배포	학교, 복지관 등 관련 단체에 행복공감*** 교실 사업 홍보지를 만들어 배포	4월 / 8월	공문발송 후 직접방문
인터넷 홍보	복지관 홈페이지 및 인근학교 공문발송에 따른 학교 게시판 등	4월 / 8월	-

출처 : 태화기독교복지관(2003).

7. 사업예산서

○ 사업예산편성은 인건비, 사업비, 관리비, 수용비, 기타 항목으로 분류하여 각 항목에 따른 산출 근거 제시

○ 단, 외부 재정지원단체 사업계획서 제출 시 직접비용과 간접비용 구분하여 작성

- 직접비용 : 인건비, 사업비 등 프로그램에 직접적으로 소요되는 비용
- 간접비용 : 건물임대료, 관리비, 통신비 등 프로그램에 간접적으로 소요되는 비용

○ 산출근거는 구체적으로 어떠한 내역으로 예산이 지출되었는지 실제 단가, 수량, 인원, 건수, 횟수 등을 구체적으로 기술

○ 예산 조달 계획에는 신청금액 및 자부담 금액 기입

○ 예 <표 3-13>

<표 3-13> 사업예산서

<table>
<tr><th colspan="3">단위 사업명</th><th rowspan="2">금액
(단위 : 원)</th><th rowspan="2">산출 근거 (세부 내역)</th></tr>
<tr><th>관</th><th>항</th><th>목</th></tr>
<tr><td rowspan="9">멘
토
링

사
업
비</td><td rowspan="2">멘토
&
멘티
육성</td><td>멘토교육(4회)
및
수퍼비전 회의
(5회)</td><td>450,000</td><td>• 자료집 : 2,500원×4회= 10,000원
• 교육 진행비 : 20,000원×4회= 80,000원
• 수퍼비전 회의비 및 식사비 : 10,000원×18명(멘토16명+강사 1명+수퍼바이저 1명)×2회= 360,000원</td></tr>
<tr><td>멘티교육(2회)</td><td>200,000</td><td>• 자료집 : 2,500원×16부×2회= 80,000원
• 사전·사후 설문지 : 2,500원×16부= 40,000원
• 교육진행비 : 20,000원×2회×2개교= 80,000원</td></tr>
<tr><td>멘토
&
멘티
결연식</td><td>결연식</td><td>800,000</td><td>• 식사비 : 10,000원×47명(멘토 16명+멘티 16명+자원봉사자 4명+코디 1명+초청인사10명)= 470,000원
• 프로그램 진행비 : 200,000원
• 멘토 위촉장 및 케이스 : 5,000원×16개= 80,000원
• 현수막 : 50,000원×1장= 50,000원</td></tr>
<tr><td>연수</td><td>교사·학부모</td><td>400,000</td><td>• 강사료 : 100,000원×2회(교사·학부모)×2개교=400,000원</td></tr>
<tr><td rowspan="4">멘토링
진행</td><td>집단 프로그램
진행비</td><td>400,000</td><td>• 집단활동 진행비 : 20,000원×10회×2개교= 400,000원</td></tr>
<tr><td>멘토활동비</td><td>800,000</td><td>• 활동비 : 5,000원×16명(멘토 16명)×10회=800,000원</td></tr>
<tr><td>문화활동비</td><td>1,920,000</td><td>• 활동비 : 20,000원×32명(멘토·멘티)×3회=1,920,000원</td></tr>
<tr><td>체험활동비</td><td>1,280,000</td><td>• 체험활동(대학·직장 탐방) 진행비
교통비+식사비 : 20,000원 ×2회×32명(멘토·멘티)= 1,280,000원</td></tr>
<tr><td>종결</td><td>종결식 및
보고회</td><td>750,000</td><td>• 식사비 : 10,000원×47명(멘토 16명+멘티 16명+자원봉사자 4명+코디 1명+초청인사10명)= 470,000원
• 프로그램 진행비 : 150,000원
• 현수막 : 50,000원×1장= 50,000원
• 수료증 및 케이스 : 5,000원×16개= 80,000원</td></tr>
<tr><td>총계</td><td></td><td></td><td>7,000,000</td><td>7,000,000원</td></tr>
</table>

출처 : 조성심(2012).

8. 평가방법

○ 사업의 효과성 및 효율성을 평가하기 위한 방법 제시

○ 평가계획은 과정평가, 효과(결과)평가 등으로 제시

 – 과정평가는 진행과업에 대한 사업 실적

– 효과(결과)평가는 효과성 관련 평가로 만족도 조사, 표준화된 설문지를 이용한 평가

○ 성과지표

– 성과목표 달성 정도를 측정할 수 있는 지표(기준), 증거, 측정도구 사용 시 함께 제시

– 기록 방법 : 변화량, 빈도, 수 혹은 % 등 달성 판단 기준을 구체적으로 제시함

– 제시된 지표를 통해 변화의 정도(증가, 감소)를 확인할 수 있어야 함

○ 자료원 : 해당 자료를 누가 가지고 있는가에 관한 항목으로, 자료원은 사람이 될수도 있고, 기록물이 될 수도 있음

○ 자료수집 방법 : 해당 자료를 어떻게 수집할 수 있는가에 관한 항목(설문조사, 사전 사후검사 분석 등)

○ 자료수집 시기 : 해당 자료를 언제 수집(설문지의 경우 측정시기)하는가에 관한 항목(월, 분기, 상/ 하반기, 사전–사후 등)

○ 예 <표 3–14>

<표 3-14> 평가방법

목 표	대상	시기	평가도구	평가지표
대상자의 사이버 섹스중독 변화평가	20명	1, 24회기	설문지	중독수준 변화
대상자의 주변체계(부모, 교사, 진행자)가 보는 대상자의 변화평가	20명	1, 24회기	설문지	프로그램 사전 · 사후평가
대상자의 프로그램의 만족도	20명	매회기	설문지	프로그램 사후평가
대상자 및 주변체계에 대한 질적평가	20명	매회기	인터뷰	인터뷰 평가

출처 : 고신대학교(2011).

제5절 기 록

사회복지실습의 기록은 다음과 같은 목적을 가지고 있으며, 기록은 과정기록, 교수-학습기록, 핵심기록, 이야기체기록, 문제중심기록 등이 있으며 사회복지실천현장에서 주로 사용하는 기록은 아래와 같다.

첫째, 사회복지실천에 대한 자료화

둘째, 실천 활동에 대한 점검

셋째, 서비스의 의뢰나 교체로 인한 사례의 중단으로부터 지속성 유지

넷째, 슈퍼비전을 활성화하는 자료이며 전문가들 간 효율적인 의사소통의 수단

다섯째, 연구자료 혹은 행정자료로 활용

여섯째, 클라이언트의 알 권리에 대한 정보제공 및 공유, 법적 근거자료

1. 과정기록

○ 클라이언트가 실제로 했던 말을 정확하게 상기할 수 있도록 그대로 기록

○ 사회복지사와 클라이언트의 의사소통을 있는 그대로 기록

○ 사회복지실습이나 교육방법으로 유용

○ 시간이 많이 들고 불완전하여 왜곡된 정보를 제공할 수 있음

과정기록 예시

과정기록		슈퍼바이저 코멘트
사회복지사	: 나는 학교사회복지사 조윤희야. 무슨 일이 있어서 상담을 하러 왔니?	
종희	: (침묵) 친구가 그러는데 여기 오면 도움을 준다고 했어요.	☞ 급하다. 관계형성의 시간 필요
사회복지사	: 응, 그런데 도움이 필요하니?	☞ 당연히 도움이 필요해서 왔을 것임. 대화변경 필요
종희	: 글쎄, 잘 모르겠어요.(침묵)	

사회복지사	: 선생님은 모든 학생을 돕는단다. 너를 힘들게 하는 것이 무엇이니?	
종희	: 그런데 선생님도 학교선생님하고 같은 선생님이신 거죠? 그렇죠?	☞ 방문에 대해 머뭇거리며 비밀보장을 원하고 있다.
사회복지사	: 응. 그런데 그것이 문제가 되니?	
종희	: 그렇지는 않지만. (침묵) 제게 문제가 있는데... 도움을 청할 딴 곳을 정말 모르겠어요.	
사회복지사	: 그래서 내가 여기에 있는 거란다.	☞ 대처 잘함
종희	: (침묵)	
사회복지사	: 가끔 이야기를 시작하기가 어렵지? 지금 너가 느끼고 있는 것을 말해주겠니?	
종희	: (침묵)	
사회복지사	: 말하는 게 힘드니?	☞ 그렇구나! 종희가 피곤하고 외롭고 지금 마음이 많이 힘들구나!
종희	: 글쎄요. 뭘 해야 할 지도 모르겠고… 피곤하고… 외롭고…	
사회복지사	: 그래?	
종희	: 나는 정말로 더 이상 아무도 없어요.	
사회복지사	: 지금 매우 외로운 것 같은데...	
	-이하 생략-	

출처 : 서울특별시교육청 학교사회복지시범사업 사례보고(2014).

2. 이야기체 기록

○ 클라이언트와 면담상황, 제공하는 서비스에 대해 이야기하듯 서술하는 기록

○ 사회복지사가 중요하다고 판단되는 것을 기록하므로 융통성 있음

○ 기록내용이 기록자의 재량에 많이 의존하여 면담내용을 지나치게 단순화하고 초점이 불명확

○ 정보 복구의 어려움, 많은 시간이 걸림

○ 준비과정

- 노트 : 매일의 행동과 활동을 기록
- 방법 : 활동한 내용에 대해 시간 순으로 기록, 요약해서 기록
- 이야기체 요약기록 : 일정 기간별로 서술(문제규정, 목적설정, 계획 및 개입과정,

종료 등)

- 구조화된 이야기체 기록 : 일정한 기록 양식을 사용하여 기록(타당 · 유용한 정보만을 간결하게 기록)

이야기체 기록 예시

① 의뢰 : 조이 스미스는 xx년 9월 24일에 입원과 동시에 사회복지과로 의뢰되었다. 그는 응급실을 통해 입원했는데, 경찰이 그를 응급실로 데려왔다. 조이는 팔과 다리가 멍들어 있었을 뿐 아니라 다리와 엉덩이에 화상을 입고 있었다. 아버지인 스미스 씨는 조이가 바지를 엉망으로 만들어 놓아서 그를 목욕시키고 있었다. 목욕을 시키면서 응급실 간호사에게 말했다. 목욕을 시키면서 덴 상처를 발견하고 스미스 씨는 도움을 청했다. 스미스 씨는 조이의 멍이 오전에 공원에서 그네를 타다 떨어져서 생겼음에 틀림이 없다고 말했다.

② 배경 : 조이는 3살 5개월이지만 2살도 채 안 되어 보인다. 작고 연약하며 모르는 사람을 두려워한다. 병원 직원이 그에게 하라는 대로 따라는 주지만 웃지 않고 대답도 하지 않는다. 조이는 스미스 씨 부인의 여섯 자녀 중 막내이다. 다른 자녀들의 나이는 5~14세이다.

③ 서비스정보 : 내과는 9월 24일에 아동학대를 신고하였는데 그는 조이의 화상이 매우 뜨거운 물에 의한 것이며 멍은 조이가 저항하며 목욕통에서 나오려는 시도로 생긴 것이라고 진술하고 있다. 조이는 10월 21일에 조기아동교육 프로그램(early childhood education program)을 위한 검사를 받을 예정이다.

-이하 생략-

사회복지사 E.H
XXXX년 XX월 XX일

출처 : 홍순혜 · 한인영(2010).

3. 문제중심 기록(POR : Problem-Oriented Recording)

○ 문제를 중심으로 문제영역을 규정 및 사정하고 목록화하며 문제해결에 대한 계획을 세움

○ 진행되는 내용을 간결하게 기록

○ 당사자가 경험한 문제의 복합성과 상호관련성을 보여주며 각 특정 문제에 초점

○ 타 전문직과 함께 일하는 현장에서 효과적이고 전체보다는 부분에 치중함

○ 전문가 상호 간 의사전달 및 지시 명료성 촉진으로 사례조정 및 팀워크 촉진

○ 환경과의 상호작용관점 결여

○ 기록 방법(SOAP : Subjective, Objective, Assessment, Plan)

- S : 주관적 정보(문제에 대한 대상자와 가족 등의 기술, 자기보고에서 정보 획득)
- O : 객관적 정보(전문가의 직접관찰, 임상실험, 체계적인 자료수집 등)
- A : 사정(주관, 객관적 정보 검토를 통한 전문가의 문제에 대한 개념화와 결론)
- P : 계획(전문가가 제시하는 특정 문제 제기 및 해결 방법)

문제중심 기록 예시

① 4월 12일 : 김영식, 사회복지서비스

목록5 - 우울증

A- 사정 : 건망증은 부인 죽음과 직장에서 은퇴에 대한 정서적 반응에 관련된 것 같다.

P- 슬픔과 상실에 관련해 T씨를 상담한다. 입원 동안과 퇴원 후 신체적·사회적 활동의 증가 가능성을 사정한다.

② 4월 17일 : 김영식, 사회복지서비스

목록2 - 식이요법에 대한 수행 부족

S- 영식 씨는 그가 집으로 돌아갈 때 자신의 식생활을 변화시켜야 할 필요를 인식하고 표현하기 시작했다. 거의 닭튀김으로 살아가곤 했으나 그것 때문에 죽을 지도 모른다는 것을 알게 되었다고 말한다.

O- 식이요법을 하도록 설득해야만 했던 영식 씨의 입원초기와는 대조적으로 현재 영식 씨는 매우 협조적이다. 그는 현재 수동적, 비협조적 자세가 아니라 능동적으로 관여하고 있다.

A- 우울증이 호전됨에 따라 영식 씨는 자신의 과거습관들을 버려야 할 필요성을 인정할 수 있을 것으로 보인다. 더 많은 지지와 교육을 통해 집에서도 계속 호전될 것 같다.

P- 퇴원해 집으로 돌아감에 따라 식이요법의 변화를 계획하고 실행하는 데 딸을 관여시킨다.

출처 : 홍순혜·한인영(2010).

4. 요약기록

○ 케이스워크가 진행되고 있는 상황을 보고 중요한 부분을 추려 기술하는 방법

○ 사회복지기관이나 상담 장면에서 많이 활용

○ 시간의 경과에 따라 정보의 변화내용을 요약하여 기록

○ 장기간의 사례에 유용

CHAPTER Social Welfare

4 사회복지현장 실습 실제

CHAPTER 4 Social Welfare

사회복지현장실습 실제

제 1 절 실습일정 및 실습내용

실습일정은 기관의 상황에 따라 차이가 있으나 보통은 방학 중 일정으로 실습을 진행한다. 2020년부터 실습시간이 160시간으로 강화되면서 실습일정은 기존 3~4주 정도에서 4~5주 정도로 늘어날 전망이다. 실습내용[1]은 필수공통과 필수선택 및 자유선택으로 이루어지며, 실습일정처럼 기관의 상황에 따라 다소 차이가 있다. 종합사회복지관에서의 실습 세부계획 및 일일계획 예시는 <표 4-1>, <표 4-2>와 같다.

<표 4-1> 실습 세부계획 예시

실습 프로그램		내용 및 수행방법	목 표
성찰	자기이해	- 실습과정	- 자기이해, 상호이해 - 진로에 대한 심사숙고
	지역이해	- 지역탐방, 지역주민만나기, 홍보	- 도봉구 지역특성, 자원 파악 - 지역 분위기 이해
행정	기관 및 사업소개	- 복지관 현황자료 활용 - 각 팀별 사업과 현황 소개	- 지역사회복지관에 대한 이해 증진
사례관리팀	사례관리	- 사례관리 양식과 적용방법 - 가정방문과 사례관리 - 인테이크, 재사정, 사례회의	- 사례관리 실제 이해 - 각 과정에 대한 기술 습득
지역조직화사업팀	지역조사 지역주민만나기	- 지역 이해 - 지역조직화 관련 주민과 소통	- 지역 이해 - 주민과 만나 소통과정 경험
	자원 개발과 관리	- 후원 개발과 관리 - 지역홍보 기획, 진행, 평가	- 자원 개발 경험 제공 - 지역 홍보 현장지식 습득
	자원봉사	- 청소년 자원봉사 교육 기획 - 집단 활동과 프로그램 진행	- 청소년 자원봉사의 효과적 프로그램 적용 - 청소년 조직화 실천(주도성 이끌어내기)

1) 제1장, 제2절에 자세히 다루었음

서비스제공 1팀	경계선지적기능 아동사업	- 사례관리(서비스점검/ 행동관찰 등)	- 경계선지적기능아동 이해 - 상담에 대한 기술 습득
서비스제공 2팀	급식사업	- 급식별 사업 수행(경로식당, 노인식사배달, 밑반찬배달) - 정서지원 프로그램 계획, 실행	- 서비스제공과 대상자 경험
기타	사업별 라운딩 (팀별 순환실습)	- 자살예방사업 스크리닝 - 주민만나기 - 급식사업(경로식당/ 중식도시락/ 밑반찬 등) - 경계선지적기능사업 이해	- 지역사회복지관 팀별 사업 이해
	프로포절 작성과 제출	- 실습생 관심 분야 선정 후 프로포절 준비와 작성지도	- 프로그램 구성의 이해증진 (실현가능성, 독창성, 예산편성 등)
	팀별 동영상 제작	- 팀별 사업 관련 홍보 영상 제작	- 팀별 사업 갈무리

출처 : 창동종합사회복지관(2020).

<표 4-2> 실습 일일계획 예시

시 간	업 무	담 당
09:00~09:10	실습생 출근(출근표 작성)	실습생 대표
09:10~10:00	이슈 나눔/ 조회와 일정점검/ 당일 일정 준비	실습담당자
10:00~12:00	실습지도 I (실무경험)	부서별 담당자
12:00~13:00	점심식사	-
13:00~17:30	실습지도 II (실무경험)	부서별 담당자
17:30~18:00	종례-일일평가와 업무 종결/ 전체 슈퍼비전	실습담당자

출처 : 창동종합사회복지관(2020).

제 2 절 실습일지 작성

1. 작성의 기본원칙

실습일지는 **실습당일에 작성**하는 것을 원칙으로 하며 실습일지와 각종 과제, 집단기록 등과는 구분되어야 한다. 실습일지의 작성원칙은 다음과 같다(한국사회복지사협회, 2010).

1) 사실대로 작성

○ 가급적 쉽고, 간명하게 한글로 작성한다.

○ 올바른 뜻의 전달을 위하여 필요한 경우에는 괄호 안에 한자, 기타 외국어를 넣어 쓴다.

○ 내용상에 거짓이 없어야 한다. → 사회복지사의 윤리정신에 위배된다.

○ 허위 또는 과장된 내용을 기록해서는 안 된다.

[예] 하루 종일 청소 잔심부름 경우 → 내용을 잔뜩 기록

하루의 일과를 일부 삭제하는 경우 → 내용을 누락 기록

[예] 실습을 대충하고 일지를 작성하는 경우

2) 구체적이고 객관적, 논리적, 긍정적으로 작성

○ 대충적, 주관적, 감정적, 부정적이어서는 안 된다.

– 대충적 [예] 현황만, 문제점만, 개선방안만 제시 → 서론, 본론, 결론이 성립될 수 있도록 한다.

– 주관적 [예] 아동시설에서 아동학대를 보니까 우리나라의 모든 아동복지시설에 문제가 있는 것 같다.

– 감정적 [예] 실습생 자신이 주인공이 되어 감상적인 기록을 하지 않도록 주의한다.

– 부정적 [예] 시종일관 문제점만 지적 → 가치관의 문제, 고정관념・편견・아집・그릇된 사고방식 등 부정적 용어 사용 지양

3) 정확한 용어 사용

○ 전문용어와 나이를 정확하게 구분하여 기록해야 한다.

– 전문용어 [예] 상담자－내담자, 사회복지사－클라이언트, 실습생－슈퍼바이저

– 나이 [예] 영아(3세 미만), 유아(6세 미만), 아동(18세 미만), 청,소년(9세 이상~24세 미만), 소년 소녀 가정(18세 미만).

○ 각종 기관의 고유 명칭을 사용하여야 한다.

　예 경기도사회복지협의회, 경기도사회복지사협회, 경기도사회복지공동모금회

4) 약어 사용 금지

○ 축약어가 아닌 공식, 고유명칭을 그대로 쓴다.

- 기관 예 복지관 → 사회복지관 , 종합복지관 → 종합사회복지관, 경사협 → 경기도사회복지협의회
- 학교명 예 신한대 → 신한대학교, 사복 → 사회복지학과
- 전문가 예 C't → client, 복지사 → 사회복지사, 전담공무원 → 사회복지전담공무원

5) 글씨는 깨끗하고 단정하게 작성

○ 글 쓰는 글쓴이의 심정을 그대로 반영하는 것이므로 필체나 글씨에도 신경 써야 한다.

○ 컴퓨터로 일지를 작성할 경우 특히 오자나 탈자에 유의하여야 한다.

6) 문어체로 작성

○ 문어체로 작성해야 하며 존어체, 물음체, 애매모호체로 작성하지 않는다.

- 문어체 예 실습이란 학교에서 배운 지식과 기술을 현장에서 접목시켜 응용하는 것이다.
- 존어체 예 실습이란 학교에서 배운 지식과 기술을 현장에서 접목시켜 응용하는 것입니다.
- 물음체 예 실습이란 학교에서 배운 지식과 기술을 현장에서 접목시켜 응용하는 것일까?
- 애매모호체 예 실습이란 학교에서 배운 지식과 기술을 현장에서 접목시켜 응용하는 것일까 싶다.

7) 공문서 작성요령에 의거하여 기록

○ 실습일지도 공문서이다.

○ 공문서 작성 시에는 다음 사항을 유의하여 작성하여야 한다.

- 용지 : A4용지(가로 210㎜ × 세로 297㎜)
- 용지여백 : 위 30㎜, 왼쪽 20㎜, 오른쪽 15㎜, 아래15㎜
- 볼펜 : 검정색 또는 파란색 볼펜
- 글쓰기 : 가로쓰기(좌에서 우로)
- 교정 시 자로 두줄 삭선 후 서명 또는 날인
- 숫자 : 특별한 경우를 제외하고는 아라비아 숫자를 사용
- 금액표시 : 금263,000원(금이십육만삼천원).
- 항목의 구분 : 2타 띄움
- 문서의 면 표시 : 2－1 2－2.
- 문서작성 시 유의사항
  - 정확성(바른 글) : 6하(누가, 언제, 어디서, 무엇을, 어떻게, 왜) 원칙
  - 신속성(이해가 빠른 글) : 문장은 짧게 끊어서 개조식으로 쓴다.
  - 용이성(쉬운 글) : 읽기 쉽고 알기 쉬운 말을 쓴다.
  - 경제성 : 용지의 규격을 표준화, 반복적인 업무는 표준 기안문 제도를 활용한다.
- 결재 : 결재를 득했을 때 문서로서 효력이 발생한다.
- 다른 직원의 서명 칸을 침범해서는 안 된다.
- 서명 칸은 동일한 규격으로 작성한다.
- 한 문장은 문단을 구성할 수 없다.

8) 맞춤법에 유의

○ 띄어쓰기에 유의한다.

예 아버지가 방에 들어가신다. － 아버지 가방에 들어가신다.

○ 축약어, 채팅어, 은어 등을 사용하지 않아야 하며 바른 표기를 한다.

예 주소 : 경기도 과천시 별양동 청사로 6가 과천문원중학교 학생복지실 3층 홍길동

서울특별시 관악구 봉천동 874－22 미래 오피스텔 903호 홍길동

예 연월일표기 : 2009년 6월 2일 → 2009년 6월 2일, 2005 3. 2 → 2005. 3. 2. 05. 3. 2 → '05. 3. 2. ※ 뒤에도 온점 찍어 표시

예 시분 : 오후 5시20분= 17:20 가운데 쌍점을 찍음

예 연령 : 1987. 6. 10. → 16년 ※ 만으로 표기 몇 년 몇 월

예 이력서 : 호주와의 관계 → 홍길동과의 관계, 사회복지기관 → 과천종합사회복지관, 사회복지기관장 → 과천종합사회복지관장

예 기타 : 기관 정문 앞 → 기관 앞, 기관정문인용 → " ", 강조→ ' ', 마침표 → , 쉼표→ ,

9) 요약 · 정리하는 습관

○ 인간의 기억에는 한계가 있기에 기록은 중요하다. 평소 습관화가 필요하다.

10) 글을 잘 쓰려면 다양한 경험 필요

○ 글을 잘 쓰기 위해서는 많은 경험을 통해 생각의 폭이 넓어져야 한다. 모든 것을 직접 경험해 볼 수 있는 것은 아니므로 여행, 텔레비전 시청 혹은 책 읽기나 인터넷 검색 등을 통해 필요한 경험을 간접적으로 얻는 것도 좋은 방법이다.

○ 글을 쓰는 연습을 해야 한다.

2. 실습일지 작성의 예

다음은 실습일지를 작성한 예이다. 한국사회복지사협회에서 제공하는 실습 서식에 실습일지 양식이 있으며 각 기관은 수정 · 보완된 양식을 사용하고 있다. 실습일지는 가능한 2장을 넘지 않게 사실에 입각하여 문어체로 작성해야 하며 출근 즉시 제출한다.

실습일지 작성 예시

〈실 습 일 지〉

담당	팀장	과장	총무부장	관장

■ 실습생명 : 김 **	■ 날 짜 : 2019년 7월 25일 수요일

오늘의 목표	• 희망온돌 사후관리 상담일지를 점검하고 피드백을 통해 사후관리 계획을 점검한다. • 사례관리 홍보물을 제작하고 홍보한다.

• 일 계획 및 진행

계 획			진 행		
시간	실습내용	담당	시간	실습내용	담당
9:00~10:00	조회	김** 부장	9:00~10:00	조회	이** w'er
10:00~12:00	희망온돌 사후관리 상담일지 점검 및 피드백	이** w'er	10:00~12:00	희망온돌 사후관리 상담일지 점검 및 피드백	
13:00~17:30	사례관리 홍보물 제작		13:00~17:30	사례관리 홍보물 제작	
17:30~18:00	종례	김** 부장	17:30~18:00	종례	

• 실습내용(시간, 내용 등을 중심으로 기록)

〈9:00~10:00〉

김**부장의 외부일정으로 인해 이**사회복지사가 조회 및 집단 슈퍼비전을 대신 담당하였다. 조회 및 집단 슈퍼비전의 내용으로는 상담일지 관련 사항, 오늘 일정 관련 사항이 있었다.

〈10:00~12:00〉

오전 시간 동안에는 이**사회복지사가 희망온돌 사후관리 상담일지를 점검 및 피드백하는 시간을 가졌다. 이 시간은 각자가 작성한 상담일지를 실습생들과 이**사회복지사가 읽어본 뒤, 이**사회복지사가 한 명씩 피드백을 주고, 동료 실습생들이 피드백을 주는 순서로 진행되었다.

〈13:00~17:30〉

오후 시간 동안에는 이**사회복지사의 설명 및 정보 제공 후 실습생들이 협업하여 사례관리 홍보물(안내문)을 제작하는 시간을 가졌다.

〈17:30~18:00〉

김**부장의 외부일정으로 인해 이**사회복지사가 종례 및 집단 슈퍼비전을 대신 담당하였다. 종례 및 집단 슈퍼비전의 내용으로는 안내문에 대한 피드백, 사례관리팀 실습에 대해 소감을 이야기하는 것 등이 있었다.

• 새롭게 익힌 기술

기술	내용
상담 일지 작성	• 상담일지 내용의 형식은 자유롭게 하되, 구체적이고 객관적인 사실 위주로 작성한다. • 상담내용 작성 시 사례관리자의 주관적인 판단은 생략하는 것이 좋다. • 상담 당시 당사자의 언어적 표현 및 비언어적 표현을 기술하여 독자로 하여금 상담 당시의 분위기를 떠올릴 수 있도록 작성한다. • 축약하여 가독성을 높이면서도 중요한 부분들은 놓치지 않고 기재할 수 있도록 작성한다.

• 실습생 의견(배운 점, 의문사항, 건의 등 포함)

첫째, 작성한 상담일지를 점검하고 피드백을 나누는 과정을 통해 상담일지의 상담 내용 부분은 되도록 사례관리자의 주관적인 판단은 생략하고, 구체적이고 객관적인 사실 위주로 작성하는 것이 좋음을 알게 되었다. 상담일지를 작성할 시 축약하여 작성하는 것도 사례관리자의 능력이라는 점 또한 알게 되었다. 작성한 상담일지에 대한 피드백으로 당사자의 언어적 표현과 비언어적 표현을 잘 서술하였다는 칭찬과, 구체적이면서도 축약이 어느 정도 잘 되어있다는 칭찬을 받아서 더욱 자 신감을 가질 수 있게 되었다. 잘된 부분은 앞으로도 꾸준히 잘할 수 있도록 하고, 새로 알게 된 부분이나 보완되었으면 좋을 것 같다는 피드백을 들은 부분들은 발전시켜서 행정업무의 완성도를 더욱 높이고 싶다.

둘째, 실습생들이 서로 사례관리 순환실습 시에 느낀 점을 나누고 이**사회복지사에게 피드백을 듣는 과정에서 이후에 사례관리 업무를 할 계획이라면, 당사자에게 감정이입을 지나치게 깊게 하지는 않도록 주의해야 하며, 그러지 못할 경우 객관적 판단이 불가능해진다는 조언을 들을 수 있었다. 또한 기록과 경청의 딜레마, 즉 서식을 채우는 것과 당사자와의 대화 및 공감 간의 딜레마는 지속적인 경험을 통해 해결해 나가야 할 것이라는 조언을 들을 수 있었다. ISP를 작성할 때에는 당사자와의 합의가 중요하며, 그 이유는 합의된 계획이어야 당사자가 실천할 가능성이 높아질 수 있기 때문이라는 조언을 들을 수 있었다. 이러한 조언들을 기억하고 참고하여 더욱 훌륭한 사회복지사가 되고 싶다.

셋째, 사례관리 홍보물로 안내문을 제작할 때 홍보 대상자, 즉, 독자가 지역 주민들임을 최대한 고려하여 안내문의 내용을 작성하고자 하였다. 다양한 기관들의 홍보 안내문을 참고하고, 주민들이 이해할 수 있을만한 단어들로 내용을 구성하고자 노력하였다. 그 결과, 중점을 뒀던 대상 독자에 대한 용어 등의 부분은 적절하게 작성되었다. 그러나 이**사회복지사의 점검 및 피드백을 통해 안내문 제작 시 기관의 로고가 들어가야 한다는 부분, 디자인적인 부분 등에서는 다소 부족함이 있다는 부분 등을 알게 되었다. 다음에 안내문을 제작할 때에는 이러한 부분들을 보완할 수 있게 되어 유익한 피드백이었다고 생각한다.

• 실습지도자 의견

출처 : **종합사회복지관 2019년 실습일지 예.

제3절 과제 유형 및 과제 작성의 예

실습과제는 실습기관 상황에 따라 차이가 있으나 공통적으로 매일 작성해야 하는 실습일지와 실습계획서, 실습기관분석 및 지역사회분석, 집단프로그램 기획 및 실시, 중간평가, 종결평가 보고서를 작성해야 한다. 실습단계별 과제 유형 및 과제 예시는 다음과 같다.

1. 초기단계

1) 실습계획서(실습목표 포함 프로파일)와 실습계약서, 개인정보 제공 동의서

실습계획서는 실습을 시작하기 전 기관에 제출하는 것으로 실습생이 작성하며 대부분 실습생 프로파일에 한 항목으로 포함되어 있고 관련 양식에 의거해 보다 자세히 작성하기도 한다. 실습계획서에는 실습을 통해 이루고자 하는 실습목표를 실습지도(교육)의 핵심적 내용[2]에 따라 전문적 발달, 행정 측면 지식 및 기술, 지역사회 및 정책 측면, 기본적 대인관계 기술 측면, 클라이언트체계 개입기술 측면으로 기술한다. 또한, 실습생서약서와 실습계약서 작성 및 실습생의 개인정보 처리에 동의를 요청하는 개인정보 제공 동의서에 서명하게 되며 이런 절차를 거쳐 본격적인 실습이 시작된다. 기술해야 하는 세부내용은 아래와 같으며, 관련 내용은 여러 차례에 걸쳐 작성해 보고 실습지도교수로부터 지도를 받아서 완성한다.

2) Ⅰ의 사회복지현장실습 기본 개요 중 사회복지현장실습내용의 실습지도의 핵심적 내용 및 기술모델에 자세히 기술되어 있음

실습생 프로파일, 실습목표, 실습생서약서 및 실습계약서

〈실습생 프로파일〉

1. 인적사항

(사진)	실습생명		성 별		생년월일	
	소속	대학교(원)		전공		학년(학기)
	실습지도교수					
	현주소					
	전화번호	집 :	핸드폰:	E-mail		

2. 이수 전공과목

교과목명	이수 완료	현재 이수	교과목명	이수 완료	현재 이수	교과목명	이수 완료	현재 이수
인간행동과 사회환경			사회복지실천론			사회복지실천기술론		
지역사회복지론			사회복지정책론			사회복지행정론		
사회복지법제와 실천			사회복지조사론					
※상기 8교과목은 자격시험 필수교과로, 4과목 이상 이수해야 실습신청이 가능함								
사회복지학개론			사회복지조사론			프로그램개발과평가		
가족복지론			아동복지론			청소년복지론		
노인복지론			여성복지론			장애인복지론		
정신건강론			정신보건사회복지론			의료사회복지론		
학교사회복지론			산업복지론			자원봉사론		
사회문제론			사회복지발달사			사회보장론		
교정복지론			복지국가론			사회복지와 문화다양성		
사회복지윤리와 철학								

3. 경력

구분 (취업, 실습, 봉사)	기관	기간	내용

4. 사회복지 전공 동기
5. 실습기관 선택 이유
6. 실습을 통해 성취하고자 하는 **목표**
7. 실습을 마친 후 목표달성 정도를 파악할 수 있는 기준
8. 사회복지실천에 있어 자신의 강점과 약점
9. 취미 및 특기
10. 실습기관 및 실습지도자에게 바라는 점

〈실 습 목 표〉

■ 실습생명 :

목표 측면	세부목표 (측면당 1~2개 정도)	목표성취 전략들 (목표성취를 위한 구체적 실행방안, 과제)	평가 (달성도 평가방법) 어떠한 방법, 결과로 달성한 것을 알 수 있는가?	점수
전문적 발달 측면 목표 (20점) (사회복지사로서 정체감형성, 개인적 전문적 성장, 자아인식, 가치와 철학, 윤리적 사명감 등)	• 사회복지사의 역할과 전문적 태도를 몸에 익힘 • 전문적 지식과 역량에 대해 점검하고 임파워먼트 강화	• 윤리적 딜레마 상황을 찾아보고 이에 대한 대처방안 습득 • 슈퍼바이저 핵심역량 및 실습목표 사전사후 점검	• 로웬버그와 돌고프의 윤리규칙 스크린 적용으로 해결하였는가? • 사회복지사로서 갖추어야 할 지식과 역량 측정 사전사후점수가 상향했는가?	
행정 측면 목표(15점) (기관운영, 전체 프로그램, 조직, 관리 , 기관구조 파악 등)	• 실습일지 작성을 통한 실습내용 점검 • 기한 내 제시된 과제 달성	• 슈퍼비전을 반영한 실습 내용 변화도 • 제시된 과제 수행을 위해 조사하고 학습하는 자세 및 기한 내 제출	• 슈퍼비전에 따른 실습내용의 질적 성장 정도가 있는가? • 기한 내 과제를 제출하고 과제 내용은 질적 성장이 있는가?	
지역사회 · 정책 측면 목표(15점) (지역사회에 관한 지식, 지역사회복지서비스전달체계의 지식, 사회복지정책 등)	• **지역을 분석하고 지역사회 현황 파악 • **지역의 사회복지 관련 유관기관 분석하고 가용자원 파악하기	• 지역사회분석하기 • 지역사회 가용자원 파악을 통해 자원연계목록 작성	• 지역사회분석틀에 의거하여 분석하였는가? • 가용자원 연계 목록을 작성하였는가?	
기본적 대인관계기술 측면 목표(20점) (대인관계 의사소통기술, 슈퍼바이저와 동료, 직원들과 관계기술 등)	• 기관 선생님들과 긍정적인 관계 형성 • 동료실습생과 친밀한 관계형성	• 만나면 밝게 인사하고 적극적인 자세로 임하기 • 동료들과 적극적인 자세로 협업하기	• 항상 밝은 태도와 적극적인 자세를 취했는가? • 동료와 협업 정도를 점수로 환산한다면?	
클라이언트체계개입기술 측면 목표(20점) (계획, 실행, 평가기술, 인간행동과 다양성 지식의 적용, 면접과 사정기술, 실천기술, 의뢰, 사례관리, 옹호기술, 자원동원)	• 기관 클라이언트 대상별 특성에 따른 개입기술 습득 • 사례관리팀에서 직접 사례관리 계획 및 실행 참여	• 기관 클라이언트 대상별 특성 이해하기 • 사례관리 계획서 작성 및 점검 기록지 작성	• 기관 클라이언트 대상별 특성을 파악하고 특성별 분석을 하였는가? • 사례관리 실행에 따른 관련 보고서를 작성했는가?	
기타(10점) (자신의 성장을 위한 계획, 실행)	• 컴퓨터 활용능력 배양 • 글쓰기 실력 배양	• 컴퓨터 활용 인터넷 주 1회 실시 • 주 1회 책 한 권 읽고 감상문 작성	• 주 1회 빠짐없이 인터넷 수강을 하였는가? • 주 1회 책을 한 권 읽고 감상문을 작성하였는가?	
총 100점	총 획득 점수			

〈실 습 서 약 서〉

본인은 ○○ 기관의 실습생으로서 다음의 사항을 준수할 것을 서약합니다.

1. 사회복지사 윤리강령
2. 클라이언트와 기관에 대한 비밀 유지
3. 실습교육기관 및 실습지도자의 요구사항

년 월 일

실습생 : (인)

○○ 기관 귀중

〈실 습 계 약 서〉

실습생명		소속 대학	
기관명		주소/ 전화번호	
실습지도자		실습지도교수	

1. 일반적 사항
   (1) 실습기간 : ____년____월 ____일부터
   ____년 ____월 ____일 까지 총 ____일
   (2) 업무시간 : 주 ____일 근무, ____시부터 ____시까지
   (3) 대학 실습세미나 시간 : ____요일, ____시부터 ____까지
   (4) 결석에 대한 조치
2. 실습의 목적과 목표
   (1) 목적
   (2) 목표
3. 실습생의 의무와 책임
4. 실습지도자의 의무와 책임
5. 실습지도교수의 의무와 책임

상기 사항을 성실하게 이행하여 실습을 진행하도록 하겠습니다.

____년____월____일

실 습 생 ________인

실습지도자 ________인

실습지도교수 ________인

〈개인정보 제공 동의서〉

개인정보보호법 22조에 따라 실습지원 신청자의 개인정보 처리에 동의를 요청합니다. 동의자 성명과 서명을 작성해 주시기 바랍니다.

\- 다 음 -

○ 제공하려는 개인정보의 항목과 목적

구분	항 목	목 적
1	이름, 생년월일	• 지원자 본인식별 절차에 이용
2	전화번호(핸드폰 번호 포함)	• 공지사항, 지원 관련 서비스 정보제공 등
3	자격 확인을 위한 사항(전공학과 등)	• 지원자격 확인
4	본인의 봉사활동, 실습 활동사항	
5	실습생 프로파일	• 실습생 선정 참고자료로 활용

○ 세부내용

1. 본인은 귀 복지관에서 시행하는 아래와 같은 내용에 정보가 활용되는 것에 동의합니다.
   - 복지관 실습지원 시 서류 면접에서 면접관에게 정보 제공
2. 본인은 아래의 개인정보 제공 내용에 동의합니다.
   가. 이용자가 제공하는 정보 내용 : 이름, 연락처(핸드폰 번호, 집 전화번호), 주소, 이메일, 학교 등
   나. 개인정보의 보유 및 이용기간 : 개인정보 보유와 이용기간은 동의자의 거부 요청이 있을 시까지 유효함

2020년 월 일

동의자 : ________________ 서명 또는 인

출처 : 창동종합사회복지관(2020); 한국사회복지사협회(2010).

2) 실습생 사정

실습생에 대한 교육적 사정은 성공적인 실습을 위해 필요하며 교육적 사정척도는 실습기관에서 제시하는 양식에 의거한다. 사정을 통해 실습생의 부족한 부분은 슈퍼비전의 내용으로 이루어지게 된다. 실습생의 핵심역량 체크리스트와 실습계획서

를 작성할 때 실습목표를 참고할 수 있는 체크리스트는 아래와 같다. 또한, 효과적인 실습지도를 받기 위한 실습생의 자세를 제시하였다. 따라서 실습생들은 실습 전 자신의 부족한 부분이 무엇인지를 사정해 보고 이를 채워나가기 위한 실습계획을 세워야 한다.

실습생 핵심역량 체크리스트, 실습목표 참고자료

〈슈퍼바이지 '핵심역량' 체크리스트〉

1. 전혀 보유하지 않음, 2. 별로 보유하지 않음, 3. 보통, 4. 대체로 보유함, 5. 많이 보유함

슈퍼바이지 세부 역량 내용	슈퍼바이지 역량 수준				
	1	2	3	4	5
1) 슈퍼비전에 대한 공동책임 인식	①	②	③	④	⑤
2) 본인 자기계발에 대한 명확한 계획수립	①	②	③	④	⑤
3) 슈퍼비전 욕구의 표현 및 슈퍼비전 요청	①	②	③	④	⑤
4) 슈퍼비전에 대한 수용적이며 비방어적인 태도	①	②	③	④	⑤
5) 슈퍼비전 내용에 대한 자발적 적용 자세와 실행능력	①	②	③	④	⑤
6) 시기적절하고 명확한 업무보고	①	②	③	④	⑤
7) 사전자료 작성 및 제출 등 슈퍼비전에 대한 준비	①	②	③	④	⑤
8) 슈퍼바이지의 자기인식	①	②	③	④	⑤
9) 직무수행에 대한 적극적 태도	①	②	③	④	⑤
10) 직무에 대한 책임감	①	②	③	④	⑤

〈효과적인 슈퍼비전을 위한 실습생의 자세〉

바람직한 실습생	바람직하지 못한 실습생
- 슈퍼바이저의 피드백에 대한 개방 - 배우고 발전하려는 열정과 소망 - 일반적인 융통성과 개방성 - 비방어적 태도 - 슈퍼비전을 준비하는 자세와 책임 - 슈퍼비전에 대한 솔선성 - 위험을 감수하려는 마음	- 슈퍼비전에 대한 비개방적 태도 - 자신이 모든 걸 알고 있다는 교만함 - 개인적 경직 - 방어하는 태도 - 슈퍼비전에 대한 준비부족 - 슈퍼비전에 대한 동기부족과 관심결여 - 평가에 대한 두려움

출처 : 안정선 외(2010).

〈실습목표 작성을 위한 목표별 내용 참고〉

- 중요도 : 직무를 성공적으로 이끌기 위해 이 능력이 필요한 정도
- 우선도 : 직무를 수행하기 위해 슈퍼비전을 받는다고 했을 때 우선적으로 다루어지기 바라는 정도
- 숙련도 : 직무를 수행하는 개인의 능력 정도로 보유수준과 숙련성

※ 각 문항에 대한 중요도, 우선도, 숙련도를 아래 번호로 기입

1. 전혀 그렇지 않다, 2. 별로 그렇지 않다, 3. 보통이다, 4. 대체로 그렇다, 5. 매우 그렇다

• 실습생명 :

목표측면	내 용	중요도	우선도	숙련도
전문적 발달 측면	1) 사회사업 가치와 윤리에 대한 사명감 : 전문직 가치, 윤리의 내면화와 증진			
	2) 인간의 다양성 존중 : 특성, 문화, 계층이해와 수용			
	3) 사회, 경제정의 증진의 사명감 : 사회적 약자에 대한 인식, 개선을 위한 노력			
	4) 자기인식 : 자신의 강점, 약점 파악, 전문가로서 자신 이해			
	5) 전문성 성장에 대한 책임감			
	6) 자신의 실천 활동에 대한 효과성 평가			
행정적 측면	7) 기관사명, 비전 이해 : 기관철학, 사명, 목적			
	8) 기관구조 파악 : 구조분석, 역동성 분석			
	9) 조직 내에서 기능하는 능력 : 업무책임, 역할숙지, 업무계획			
	10) 기록 유지와 기록 활동 : 기록 방법과 기록 피드백			
정책적 측면	11) 관련 사회복지정책 : 기관과 직무 관련 정책			
	12) 지역사회에 대한 이해 : 지역과 자원조사			
	13) 서비스전달체계 이해 : 서비스 연계망 활용, 지역사회 내 관련 조직과 관계 등			
	14) 인적, 물적 자원개발과 관리 : 모금, 홍보, 매체활용, 자원봉사자 개발과 관리			
대인관계 측면	15) 대인관계 의사소통기술			
	16) 동료와의 관계기술			
클라이언트 체계개입 측면	17) 인간행동, 다양성에 관한 지식 적용			
	18) 클라이언트 면접 기술			
	19) 클라이언트 사정 기술			
	20) 평가와 종결 기술			
	21) 집단에 개입기술			
	22) 의뢰와 사례관리 기술			
	23) 옹호 활동 기술			
	24) 프로그램 계획, 실행, 평가기술			

출처 : 홍순혜 외(2014); 창동종합사회복지관(2020).

2. 중간단계

1) 실습기관 분석 및 기관방문 보고서

실습기관 분석 및 기관방문 보고서는 실습 진행 중에 이루어진다. 실습기관 분석은 실습기관의 행정 및 업무 전반에 대해 이해하고 이를 파악하기 위해 기관의 역사, 목적, 주요 사업 및 프로그램 등 기관의 전반적인 사항을 보고서로 작성한다. 그리고 실습 중 타 사회복지기관을 방문하고 방문목적과 방문기관에 대한 질의 및 응답사항 등을 정리하여 보고서로 작성한다. 두 보고서 양식과 관련 예시를 살펴보면 다음과 같다.

실습기관 분석 및 기관방문 보고서

〈실습기관 분석 보고서〉

실습생명	우 * *	기관명	*** 종합사회복지관
기관주소	강북구 **로 ***길 ** ***동 (전화 : 02.9**.****)		
기관소개자	김 * * (부서 : 직책 : 과장)		

1. **기관의 역사** : 기관 홈페이지 참고하여 작성
   (1) 기관 설립동기 및 설립목적
   (2) 기관 사업의 역사적 변천
   (3) 기관 역사에 대한 **실습생의 평가**
   최초의 임대영구아파트와 함께 종합사회복지관의 역사가 시작된 만큼 오랜 역사를 가지고 있으며, 그것이 ***단지의 역사와 일맥상통하고 있다고 생각한다. 특히 임대영구아파트 특성상 노인인구가 많기 때문에 대체로 노인대상 사업에 비중이 높은 모습을 보이고 있지만, 종합사회복지관이라는 이름에 걸맞게 아동·청소년 등 다양한 대상에 대한 관심을 놓치지 않고 있다는 것을 알 수 있다.
2. **기관의 목적** : 설립목적, 기관의 미션으로 홈페이지 참고하여 작성
3. **기관의 주요사업 및 프로그램** : 오리엔테이션 시 제공되며 홈페이지 참고하여 작성
   (1) 클라이언트 및 대상 지역
   (2) 주요 사업
   (3) 서비스 전달체계

(4) 기관의 대상층 및 주요사업에 대한 **실습생의 평가**

***종합사회복지관의 특화사업을 살펴보면, 장애인을 지역사회의 일원으로 인식하고 있다. 이러한 특성은 '장애인은 나이불문하고 장애인복지관밖에 갈 수 없다'는 편견을 깨는 하나의 사회모습이라고 볼 수 있다. 또한, ADHD나 알코올 문제와 같은 전문 영역과 결부되어 있다는 점에서 사회복지관에서 제공하는 서비스의 범위가 점차 확대되고 있으며, 이후에도 더 다양한 영역으로 확대될 수 있을 것이라는 생각이 들었다.

4. 기관의 행정사항 : 기관 홈페이지 참고하여 작성

(1) 기관의 조직구조

(2) 예산, 후원 및 지원사항

(3) 기관의 행정구조와 예산 사용 및 후원에 대한 **실습생의 평가**

사례관리, 서비스제공, 지역조직은 사회복지 3대 업무로서 각 팀이 사회복지기관 내에 존재한다는 것을 알고 있었지만, 운영위원회나 인사위원회, 운영지원팀에 대해서는 이번에 처음 알았다. 또한, 예산이나 후원이 적힌 세입・세출표를 제대로 본 것 역시 처음이라 낯설었지만, 투명하고 안정적으로 운용되는 모습이라는 생각이 들었다.

5. 기관이 속한 지역사회, 물리적 환경의 특징

(1) 지역사회 : 기관 소속 구청 홈페이지 참고하여 작성

(2) 물리적 환경(시설, 공간 등) : 기관 홈페이지 참고하여 작성

6. 사회복지기관으로서 지역 내 타 기관들과의 연계 : 실습지도 중 기관소개에서 언급함

(1) 관계유형 및 내용

(2) 기관의 타 기관과의 관계유지에 대한 **실습생의 평가**

***종합사회복지관은 지역 내 다양한 기관과의 관계유지와 연계를 통해 프로그램의 전문성이나 효과성을 높이는 모습을 보이고 있다. 또한, 관계유지란 당장의 서비스 연계 혹은 지원이 없다 하더라도 훗날을 도모하기 위하여 필요한 일 중 하나라고 생각한다.

7. 기관의 특별한 면이나 전반적인 사항에 대한 인상이나 느낌

임대영구아파트 내에 존재하는 종합사회복지관을 처음 알았기 때문에 주 대상자를 임대영구아파트의 주민들로 삼는다는 점에서 새로웠고, 서비스 역시 그에 맞춰져 있다는 점이 인상 깊었다. 또한, 지역주민과 사회복지관 직원 분들이 자연스럽게 인사를 주고받는 모습을 보고 임대영구아파트에 입주하신 분들뿐만 아니라 주변 지역사회와 ***종합사회복지관의 신뢰와 유대관계를 간접적이나마 알 수 있었다.

출처 : *** 종합사회복지관 2019년 실습 내용 중 발췌.

〈기관방문 분석 보고서〉

실습생명	김 * *	방문기관명	***건강가정다문화가족지원센터
기관주소	강북구 **로 ***길 ** ***동 (전화 : 02.9**.****)		
기관소개자	김 * * (부서 : 직책 : 과장)		

1. 기관방문 목적

***구 관내에 위치한 타 복지기관을 방문해 봄으로써 방문 기관의 특성 및 사업과 실습 기관의 특성 및 사업의 차이를 알아본다.

2. 기관방문을 위한 질의사항 및 응답 정리

1) 기관의 설립일
- 2004년 11월 26일

2) 기관의 운영법인
- 사단법인 ***

3) 기관의 조직

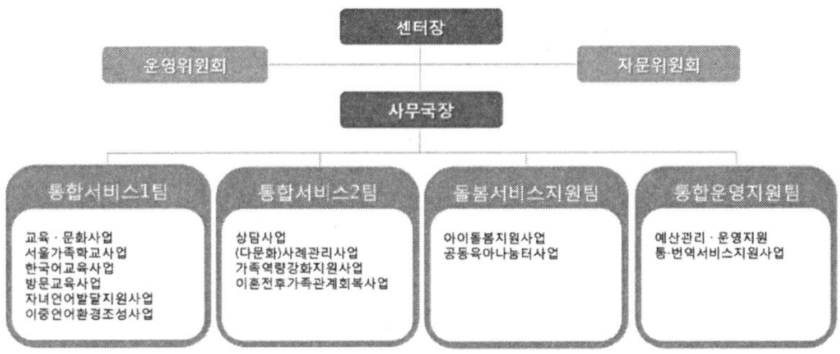

4) 기관의 이용자
- **구 및 인근지역 거주 가족

5) 기관의 사업
- 가족관계 개선을 위한 사업 : 개인 및 가족상담, 부모역할 지원, 부부갈등 예방・해결지원, 아버지역할 지원, 다문화가족관계 향상 지원, 다문화가족 자녀 성장지원
- 가족특성에 따른 맞춤형 가족돌봄 사업 : 자녀돌봄사업
- 가족친화문화조성에 앞장서는 가족과 함께하는 지역공동체 사업 : 가족단위 프로그램, 가족봉사단, 결혼이민자 정착단계별 지원 패키지, 인식개선 및 공동체 의식 고취 프로그램
- 안정적인 가족생활을 지원하는 사업 : 다문화가족 초기정착지원, 결혼이민자 취업지원
- 여성가족부 별도지원 사업 : 가족역향강화지원사업, 공동육아나눔터지원사업, 아이돌봄지원사업, 이혼 전・후관계회복사업, 서울가족학교사업, 한국어교육사업, 다문화가족 방문교육사업 다문화가족 자녀언어발달지원사업, 이중언어 가족환경조성사업, 통번역서비스사업, 다문화가족 사례관리사업

- **구건강가정·다문화가족지원센터 특화사업 : 1인가구 사회적관계망 구축사업, 다문화 합창단, 다문화자녀 오케스트라, 다문화자녀 연극단, 다문화 어울림 한마당, 아버지센터, 여성결혼이민자 조기정착 도움프로그램, 남성 가사참여 캠페인, 부자유친 프로젝트, 지역사회 소통강화 네트워크사업, 이주배경 청소년지원사업, 청소년 꿈지원 사업, 아빠–자녀합창단
- 가족역량강화지원사업 : 긴급위기지원, 생활도움지원, 학습·정서지원, 문화 프로그램, 부모교육, 집단상담, 자조모임

3. 기관방문을 통해 알게 된 지식

① 통번역서비스는 일상생활 시 필요한 사소한 정보 및 번역까지 지원해 준다.(예 부부싸움 시 번역)
② 1인가구도 하나의 가족형태이다.
③ 다문화에 대한 수용성의 정도를 측정하는 다문화수용성지수(KMCI)가 있다.
④ 건강가정지원센터는 후원금이 없다.
⑤ 이혼 시 이혼을 하지 않도록 관계를 회복시키거나, 이혼 절차를 잘 밟을 수 있도록 지원하는 서비스뿐만 아니라 이혼을 조금이라도 나은 관계로 할 수 있도록 지원한다.
⑥ 가정폭력의 가해자의 경우 폭력을 점차 줄여나가는 것 또한 강점이 될 수 있으며, 문제를 고치라고만 하는 것은 클라이언트의 자존감을 떨어뜨릴 수 있으므로 문제에 대한 지적은 하되, 적절한 칭찬과 응원 또한 필요하다.
⑦ 현재 자살예방을 위하여 번개탄에도 마포대교처럼 희망문구를 새기는 작업이 추진되고 있다.
⑧ 다문화 클라이언트의 경우 버스를 타는 것과 같은 사소한 부분들에 대한 적응을 어려워하기도 한다. 이러한 경우에는 방문서비스가 필요하다.

출처 : ***종합사회복지관 2019년 실습 내용 중 발췌.

2) 지역사회분석 보고서

지역사회분석은 기관분석 시 한 항목으로 작성하기도 하고 따로 보고서를 작성하기도 한다. 실습 시 그 기관이 위치한 지역사회에 대한 충분한 이해는 매우 중요하다. 왜냐하면 지역사회복지기관은 지역사회를 거점으로 지역의 다양한 기관과 자원, 인력을 활용하고 연계함으로써 지역의 문제를 해결하고 관련 사회복지서비스를 개발하고 추진하고 있기 때문이다. 따라서 지역사회에 대한 중요성을 인식하고 지역사회를 분석하고 이를 활용하는 것은 사회복지사 본연의 역할이다. 지역사회분석은 인터넷 정보를 중심으로 하고 직접 지역 곳곳을 찾아다니면서 지역지도를 그려보아야 한다. 다음은 지역사회분석보고서 예시이다.

지역사회분석 보고서 예시

1. 지리적 특성

본 복지관이 위치한 지역은 강북구이며, 행정구역은 삼양동, 미아동, 송중동, 송천동, 삼각산동, 번1동, 번2동, 번3동, 수유1동, 수유2동, 수유3동, 우이동, 인수동으로 13개 동으로 이루어져 있다.

본 보고서는 ***종합사회복지관이 위치한 ***을 중심으로 서술하고자 한다.

- 강북구 면적 : 23.60㎢ (서울시 면적 605.52㎢의 3.9%)
- 강북구 전체 인구 : 315,587명 (2019년 6월 기준) : 남성 : 154,101명, 여성 : 161,486명
- 강북구 인근 행정구 : 성북구, 노원구, 도봉구

2. 지역의 주요 사회지표

1) 인구 : 관련 표 제시

첫째 인구추이를 살펴보면 2018년 319,164명, 2017년 324,479명, 2016년 327,195명으로 점차 인구가 줄어드는 모습을 보이고 있으며, 이를 통해 2019년 인구증감률 역시 감소할 것이라 유추할 수 있다. 강북구의 현재 전체 인구는 315,587명이며 ***은 18,595명이다. 남성과 여성의 비율의 경우 두 경우 모두 여성이 남성보다 상대적으로 높은 것을 알 수 있다. 또한, 세대수의 경우 강북구 전체 143,650세대 중 약 7600여 세대가 ***에 거주하고 있음을 알 수 있다.

둘째, 출생과 사망을 살펴보면 강북구는 출생아 수와 합계출산율 모두 2016년에서 2017년으로 감소하는 추세를 보임을 알 수 있다. 이러한 현상은 … (중략)

2) 가족 형태 : 관련 표 제시

사회가 발전하고 시대가 변화하면서 다양한 가족형태가 등장하고 있으며, 대표적으로 1인 가구가 있다. 이에 [표5]를 통하여 강북구의 1인가구의 비율을 살펴보면, 연도가 거듭되어 갈수록 약 1%씩 증가하는 추세임을 일 수 있다. 특히 1인 가구 중에서도 **종합사회복지관과 관련성이 높은 독거노인의 비율을 살펴보면, [표6]과 같이 이 역시 1년에 약 0.5%씩 증가하는 모습을 보이고 있다. 이는 전체 1인 가구 증가율에 비하면 적은 수치이지만, 고령화가 가속되고 있는 우리나라의 현실을 생각해보았을 때, 앞으로의 독거노인가구 비율의 증가를 예측할 수 있다. 뿐만 아니라 1인 가구뿐만 아니라 혼인형태에 있어서도 다양한 변화를 보이고 있다. …(중략)

3. 지역의 인구사회학적 특성

1) 노인인구

2018년 12월부터 2019년 5월까지 고령인구의 비율이 약 18%로, 전체 인구의 ⅕을 차지하고 있다. 이러한 특성은 **종합사회복지관과 같이 주 대상으로 노인으로 결정하도록 하는 데 영향을 끼칠 뿐만 아니라 사회·정치적 정책결정에 있어 노인의 힘이 강력해지고 있음을 의미한다. 또한, 고령인구비율의 추이를 살펴보면, 소폭이긴 하나 증가하고 있음을 알 수 있다. 이는 앞서 [표3] 강북구 출생아 수 및 합계출산율에서 언급한 저출산과 더불어 고령화의 영향이 … (중략)

2) 장애인인구

강북구의 경우 약 17,500여 명의 장애인이 거주하고 있으며, 남성이 여성의 비해 약 2000명 정도 많은 편이다. 이러한 이유는 남성이 직업 등 사회적 위험으로부터 후천적 장애를 얻기 쉽기 때문이다. 또한, 노화로 인해 장애를 가지게 되는 경우도 발생하기 때문에 앞서 [표8]에서 언급하였듯 고령인구의 높은 비율은 장애인 수치에 영향을 끼친다. 대표적으로 ***종합사회복지관의 주 대상자는 노인임과 동시에 장애를 가지고 계신 장애인이신 복합적인 경우가 많다. … (중략)

4. 지역의 사회경제학적 특성

[표10]에 따르면, 약 10,000명의 사람들이 기초생활 수급 대상자로서 지원을 받고 있으며, 그중 여성의 경우가 남성의 경우보다 경제적으로 어려움을 겪는 것으로 나타난다. 이는 여성의 사회적 진출이 증가하였다고는 등 승진이나 급여에 있어 차별성을 두고 있기 때문이라고 생각한다. 또한, [표11]에 따르면 재정자립도에 있어 25개의 행정구 중 23위로 낮은 재정 자립도를 가지고 있다. 이는 ***종합사회복지관의 주요 이용객인 영구임대아파트 주민들을 예시로 들 수 있다. 따라서 이러한 … (중략)

5. 지역의 사회복지기관 및 자원 탐색

1) 지역의 사회복지기관

2) 공공기관, 의료기관, 민간단체

3) 기타 가용자원 등

구분	자원명	주소	연락처	주요활용용도	활용빈도	비고
사회복지기관						
공공기관						
교육기관						
의료기관						
민간단체						
동자치조직						
문화체육시설						
기타						

6. 필요하거나 보완되어야 할 사회복지서비스 제안

지역탐방보고서를 작성하면서 강북구라는 지역이 노인과 장애인의 비율이 높고, 경제적으로 어려움을 느끼는 사람들이 많다는 것을 객관적으로 파악하면서 다수를 위한 프로그램과 사업의 필요성을 느끼는 기회가 되었다. 그러나 다소 높은 노인, 장애인의 비율에 가려진 아동・청소년을 포함한 다른 연령에 대한 지원이나 사업 개발이 거의 이루어지지 않는다는 점에서 아쉬움이 들었다. 따라서 강북구는 아동・청소년 분야에 이어서도 공공과 민간이 협력하여 소외된 아동・청소년을 발굴하고, 빠르게 변화하는 욕구 변화에 발맞춰 나아가야 한다고 생각하였다. … (중략)

7. **첨부**(관련 지도를 비롯하여 지역사회분석 시 참조한 자료를 첨부할 수 있음)
   - 지역 주민등록 인구 수 변화
   - 지역 출생아 수 및 합계 출산율
   - 지역 사망자 수 및 사망률
   - 지역 1인 가구 비율
   - 지역 독거노인 가구 비율 및 고령 인구 비율
   - 지역 장애인 인구 수 및 가구 분포
   - 지역 국민기초생활보장 수급자 수급 유형별 현황 등

출처 : **종합사회복지관 2019년 실습일지 예.

3) 사회복지정책분석 보고서

사회복시정책분석은 기관 상황에 따라 기관에서 중점적으로 시행하고 있는 사업과 관련된 정책을 분석틀에 의거해 분석하는 과제를 제시하기도 한다. 과제 내용은 관심 있는 복지대상층(아동, 장애인, 노인, 다문화 가정, 저소득층, 한부모 가정 등)을 선정하고 이들을 대상으로 하는 사회복지정책 내용을 조사 및 분석하고 정책의 문제점을 찾아 발전방안에 대한 자신의 고민이나 의견을 적는 내용이다. 구체적인 보고서 양식은 아래와 같다.

기관분석 보고서 예시

분석자(실습생)명 :

정 책 명	경기도 교육복지우선지원사업
관련법규/지침	–초중등교육법 시행령 제5조(학습부진아 등에 대한 교육) 제3항제1호 –교육복지우선지원사업 관리・운영에 관한 규정(교육부훈령 제106호) –경기도교육청 교육복지우선지원사업 지원 조례(경기도조례 제5777호) –경기도교육청 교육복지우선지원사업 관리・운영에 관한 규정
주무부서	–학생생활인권과

1. **문제제기 및 분석목적**

   교육복지우선지원사업은 2003년부터 현재까지 저소득층밀집지역 아동청소년의 탈빈곤을 위해 교육・복지・문화를 동시에 제공하는 적극적 차별정책이다. 교육부는 이를 시범사업으로 운영해 오다가 2010년 「교육복지우선지원사업 관리・운영에 관한 규정」을 재정 · 시행하여 사업의 법적 근거를 마련하였고 이후 시 · 도교육청 주도로 운영하여 현재까지 이르고 있다. 그러나 현재 교육복지워선지원사업은 각 지역의 특성을 반영하여 효과적이고 효율적으로 운영은 되고 있어 지역별 교육지원의 격차가 해소되지 못하고 있다. 따라서 경기도 교육복지우선지원사업의 내용 및 정책전달체계를 중심으로 … (중략)

2. 분석한 정책의 주요 내용(2020년 경기도 교육복지우선지원사업을 중심으로)

2-1. 중점 추진 과제

(1) 학생 중심의 교육복지우선지원 실천

(2) 교육복지우선지원 행정의 합리적인 역할 재구성

(3) 교육복지우선지원 실현을 위한 제반 여건 강화

2-2. 정책정달체계 분석

(1) 교육부 (2) 시 · 도교육청 (3) 교육지원청 (4) 각종 위원회 등 지원체계

3. 자료수집 및 분석방법

– 경기도 교육청 홈페이지, 교육부 홈페이지, 관련 정책 논문 등

4. 분석결과 논의

4.1. 정책목표분석

4.2. 정책이 추구하는 가치 분석

4.3 급여대상 분석

4.4 급여의 적절성 분석

4.5 급여의 전달체계 분석

4.6 재정 분석

5. 관련정책과 관련한 주요 이해당사자의 입장 분석

첫째, 경기도 교육청의 경우 2020년 교육복지우선지원사업의 방향성을 제시하면서 무엇보다 이 업무를 담당하고 있는 교육복지사 법제화를 추진하겠다는 의지를 … (중략)

6. 분석한 정책의 개선방향 및 전망

경기도 교육복지우선지원사업 정책분석을 통해 교육불평등 해소를 위한 교육청의 다양한 노력을 볼 수 있었다. 그러나 교육복지우선지원사업의 정의, 대상 등과 같은 기준이 다른 시 · 도교육청과 차이가 있고 … (중략)

7. 총평

경기도 교육복지우선지원사업 정책분석을 통해 교육복지우선지원사업은 경기도 교육청의 하나의 단위사업이 아닌 우리나라 교육복지실현을 위해 중앙정부, 즉 교육부가 중심이 되어 사업의 방향성과 정책을 추진해야 함을 … (중략)

출처 : **종합사회복지관 2019년 실습일지 예.

4) 집단지도[3)]

집단지도는 사회복지실천 3대 방법론 중 하나로 실습기간 동안 필수항목으로 수행하게 된다. 대부분 실습 전 프로그램 개발과 평가라는 교과목 수강 후 현장실습을 하게 되는데 집단지도는 이를 토대로 이루어지기 때문에 교과목을 복습하고 실습에 임하는 자세가 필요하다. 실습 시 집단지도 수행은 계획서 작성, 집단과정일지 작성, 집단 개별대상자 분석, 집단 종결보고서 작성 등으로 이루어지는데 관련 절차 및 내용을 정리하면 다음과 같다.

첫째, **주제선정**

주제는 실습기관에서 정해주기도 하고 실습생이 기관의 대상자에 맞는 주제를 정하도록 과제로 주어지게 되는데 개별과제 혹은 동료실습생들과의 연합과제로 제시된다. 주제선정은 관련 주제와 관련된 문제 상황 분석, 욕구분석이 전제가 된다.

둘째, **계획서 작성**

주제가 정해지면 참여자의 흥미유발, 참여율, 참여가능 여부, 회기결정, 홍보방법, 신청자 접수 등의 내용을 토대로 목적에 맞는 계획서 및 세부계획서를 작성한다. 집단계획서 작성은 프로포절 양식에 의거한다.

셋째, **프로그램 진행**

오리엔테이션을 비롯하여 초기, 중간, 종결 및 평가단계를 거치게 되며 각 회기별 진행은 도입, 진행, 마무리 단계이다. 도입은 사전 셋팅, 자리착석 및 인사, 진행은 목적과 목표에 의거하여 그 회기의 목표를 달성하기 위한 개입이며 마무리는 그 회기의 목표달성 평가 및 소감나누기, 피드백 등으로 진행된다. 이 과정에서 실습생은 집단과정기록지를 통해 슈퍼비전을 받게 된다.

넷째, **관련 행정업무 및 슈퍼비전**

슈퍼비전 내용은 사전에는 사업계획서, 세부프로그램 계획서, 기안, 평가계획 등이며 과정 중에는 과정기록서, 회기별 평가 등으로 이루어지고 사후는 집단 개별대상자 기록지(분석표), 종결기록서, 관련 행정문서 등의 결과보고로 이루어진다.

---

3) 제3장, 제2절 실천에 대한 이해 중 집단실천 및 프로그램 기획에서 자세히 다루었음

집단지도 예시

〈집단지도 계획서〉

더불어 Double up
사회성 프로그램 계획서

<table>
<tr><td rowspan="2">결
재</td><td>담당</td><td>팀장</td><td>과장</td></tr>
<tr><td></td><td></td><td></td></tr>
</table>

<table>
<tr><td>프로그램명</td><td colspan="3">경계선지능청소년들의 사회성 향상을 위한 농구 프로그램
"뭉치고 던지고"</td><td>회기</td><td>1</td><td>담당자</td><td>박**</td></tr>
<tr><td>일시</td><td colspan="3">2019년 7월 12일(금)
16:00 ~ 17:30</td><td>장소</td><td>**사회복지관 중강당</td><td>진행자</td><td>김**</td></tr>
<tr><td>참여자</td><td colspan="7"><u>총(26)명</u>
• 수행인력 : 사회복지사 1명 • 보조인력 : 자원봉사자 5명
• 대 상 자 : 경계선지능 청소년 20명</td></tr>
<tr><td>프로그램실시
배경</td><td colspan="7">기관이 위치한 **지역은 경계선지능청소년들의 비율이 타 지역에 비해 높으며 이들에 대한 보호기능을 수행할 수 있는 지역의 복지서비스가 미흡한 실정이다. … (중략)</td></tr>
<tr><td colspan="8">세부계획</td></tr>
<tr><td>목적
및
목표</td><td colspan="7">• 목적 : 지역 내 경계선지능청소년들의 건강한 사회인으로의 성장을 도모하기 위해 다양한 자원을 활용한 복지지원 프로그램을 운영한다.
• 목표 : 경계선지능청소년들이 농구 프로그램 "뭉치고 던지고"를 통해 사회성을 향상시킨다.
– 하위목표1. 2명씩 팀을 이루어 협력하여 공 만들기 활동을 할 수 있다.
– 하위목표2. 10명씩 팀을 이루어 규칙과 질서에 따라 경기에 참여할 수 있다.
– 하위목표3. 경기의 결과에 승복하고 서로를 격려할 수 있다.</td></tr>
<tr><td>내용</td><td colspan="7">"뭉치고 던지고"는 경계선지능청소년들의 사회성을 향상시키기 위한 농구 프로그램이다.
경계선지능청소년들(이하 대상자)은 폐지를 손으로 찢는 활동을 통해 스트레스를 해소하고, 이를 통해 주의력결핍・과잉행동・공격성을 감소시킨다. 대상자들은 2명씩 팀을 이루어 … (중략)</td></tr>
<tr><td rowspan="10">프로그램
진행</td><td colspan="2">구분</td><td>시간</td><td colspan="3">내용</td><td>비고</td></tr>
<tr><td rowspan="2">도입</td><td>자기소개</td><td>16:00 ~ 16:10</td><td colspan="3">• 진행자 소개
• 경계선지능청소년 자기소개</td><td>-</td></tr>
<tr><td>활동내용 설명</td><td>16:10 ~ 16:15</td><td colspan="3">• 활동에 대한 진행자의 설명</td><td>-</td></tr>
<tr><td rowspan="3">전개</td><td>폐지 찢기</td><td>16:15 ~ 16:25</td><td colspan="3">• 모두 함께 폐지 찢기</td><td>-</td></tr>
<tr><td>공 만들기</td><td>16:25 ~ 16:40</td><td colspan="3">• 2명씩 짝을 정하기
• 찢은 폐지를 뭉치고, 테이프로 고정하여 공 만들기</td><td>-</td></tr>
<tr><td>경기</td><td>16:40 ~ 17:00</td><td colspan="3">• 10명씩 2팀으로 나누어 골 넣은 횟수 내기</td><td>-</td></tr>
<tr><td rowspan="3">정리</td><td>뒷정리</td><td>17:00 ~ 17:05</td><td colspan="3">• 쓰레기 및 사용한 도구 정리</td><td>-</td></tr>
<tr><td>느낀 점 나누기</td><td>17:05 ~ 17:20</td><td colspan="3">• 활동을 하며 각자 느낀 점에 대해 이야기 나누기</td><td>-</td></tr>
<tr><td>질문지 작성</td><td>17:20 ~ 17:30</td><td colspan="3">• 평가를 위한 질문지 작성하기</td><td>-</td></tr>
<tr><td colspan="7"></td></tr>
<tr><td>활용자원</td><td colspan="7">▪ 인적자원 : 자원봉사자 5명
▪ 물적자원 : 폐지, 미니 농구골대, 테이프, 가위
▪ 시설장비 : 중강당</td></tr>
</table>

추진일정	월	화	수	목	금	토	일
	프로그램 홍보 및 자원봉사자 모집/ 농구골대, 테이프, 가위 주문	프로그램 홍보 및 자원봉사자 모집/ 폐지, 프로그램 진행 장소 마련	프로그램 홍보 및 자원봉사자 모집	프로그램 홍보 및 자원봉사자 모집/ 참여자들에게 프로그램 장소 및 시간 재공지 / 최종점검	프로그램 진행 / 프로그램 평가	평가 내용 정리 (통계 처리)	결과보고서 작성

소요예산	구분	산출근거	금액	비고
	미니 농구골대	6,800(원)×1(개)=6,800(원)	6,800	-
	박스테이프	6,000(원)×1(개)=6,000(원)	6,000	-
	가위	600(원)×10(개)=6,000(원)	6,000	-
	합계		18,800원	

평가방법	• 양적평가 : 질문지(만족도 조사) • 질적평가 : 관찰(협동성, 공격성, 참여도 등)

담당인력 및 역할	구분	내용	담당
	슈퍼비전	운영 총괄	김**부장
		예산 점검, 과정기록 및 결과보고, 평가 등	박**팀장
	운영총괄	• 경계선지능청소년들이 규칙과 질서를 지키며 안전하게 프로그램에 참여할 수 있도록 지원한다. • 경계선지능청소년들이 폐지를 찢는 활동을 통해 스트레스를 해소할 수 있도록 지원한다. • 경계선지능청소년들이 팀을 이루어 함께 활동하여 협동심과 상호관계 의식을 증진할 수 있도록 지원한다. • 경계선지능청소년들이 자신과 상대방의 경기의 승패를 인정하고 서로를 격려할 수 있도록 지원한다. • 자원봉사자들이 경계전지능청소년들의 안전한 프로그램 참여를 지원할 수 있도록 지도한다. • 경계선지능청소년들이 프로그램 과정 중에 보이는 협동심, 공격성, 참여도 등을 관찰한다.	김** 사회복지사

기대효과	• 폐지를 찢는 활동을 통해 스트레스를 해소할 수 있다. • 팀을 이루어 함께 활동함을 통해 협동심을 함양할 수 있다. • 규칙과 질서를 지키며 경기에 참여할 수 있다. • 자신과 상대방의 경기의 승패를 인정할 수 있다.
Supervision	

〈집단과정일지〉

일 시	2019.08.20. 16:00~17:00	회기	2회차
프로그램명	아동인권교육	장소	*** 지역아동센터
참여자	**지역아동센터 초등학교 6학년 10명	진행자	정**
목 표	• 아동의 권리에 대해 안다. • 아동을 체포하거나 가두는 일은 가능한 최후의 방법으로 선택된다는 것을 안다.		

활동내용	• 학습자료 ppt를 토대로 교육 • 질문 및 자신의 생각 발표 및 토의
과정기록 본인의 생각 배제, 객관적 사실만 작성	[도입] 주제 확인 • 인사 • 지난 교육 주제(인권이란?) 확인 • 오늘의 교육 주제 확인 　– 주제에 대한 관심 가지기 　– 유엔아동권리협약서 제37조를 다함께 소리 내어 읽기 • 유엔아동권리협약에 대한 간단한 설명 　– 유엔아동권리협약의 정의 　– 아동권리란? [진행] 주제 탐구 • 아동인권도 태어나면서부터 가지는 기본적인 권리로 인간이 가져야 할 당연한 권리라는 개념 익히기 • 아동권리의 유형 • 조별 O, X 퀴즈(도전 골든벨) [종결] 주제 정리 • 앞서 학습한 권리를 다시 한 번 확인 • 마무리 인사 및 차주 프로그램 공지
지도자의 의도적 개입	• 참여자의 흥미와 참여를 이끌어 내기 위해서 옆 사람과 의견 나누기, 도전 골든벨을 통해 아동인권의 개념과 아동인권의 중요성을 인지시킴
집단구성원 반응	• 참여자 김** : 인권교육 내내 소극적인 자세를 보이다가 도전골든벨 참여에 적극적이었음 … (중략) <개별관찰기록>
* 총평	• 1회 실시하였던 '인권'의 기본적 개념을 잘 알고 있었음. 아동에게도 같은 권리가 있음에 대해 … (중략)
비고	• 추후계획 (예) 다음모임일정 : 2019년 8월 27일 장소 : 프로그램 1실)

〈집단 개별대상자 기록지(분석표)〉

<table>
<tr><td colspan="3">참여자명</td><td>이 **</td><td colspan="2">집단명</td><td>더불어 Double up 사회성 프로그램</td></tr>
<tr><td colspan="3">참여자수</td><td>10명</td><td colspan="2">집단지도자(실습생)</td><td>김**</td></tr>
<tr><td colspan="3">집단의 목표</td><td colspan="4">• 경계선지능청소년들이 농구 프로그램 "뭉치고 던지고"를 통해 사회성을 향상시킨다.</td></tr>
<tr><td colspan="3">개인의 목표</td><td colspan="4">• 친구를 사귄다.</td></tr>
<tr><td>회기</td><td>날짜</td><td>참석</td><td>개인의 변화정도 및 내용</td><td>참여도
(10점)</td><td>지도자와의 관계</td><td>타집단원과의 관계</td></tr>
<tr><td>1</td><td>7/12</td><td>참석</td><td>옆 아파트 거주 B와 같은 조원이 됨</td><td>6점</td><td>집단 이후 개별상담진행</td><td>비교적 긍정적임</td></tr>
<tr><td>2</td><td>7/16</td><td>참석</td><td>B와 함께 과제 수행</td><td>8점</td><td>원만함</td><td>긍정적임</td></tr>
<tr><td>3</td><td>7/ 19</td><td>참석</td><td>2회기 프로그램 활동에도 적극적임</td><td>8점</td><td>원만함</td><td>긍정적임</td></tr>
<tr><td>4</td><td colspan="6">… (중략)</td></tr>
<tr><td colspan="7">종합평가
집단 1, 2회기 참여를 통해 옆 아파트 거주 친구가 생김. 집단목표 달성 및 개인목표 달성을 완수함. 사후관리를 통해 지속적인 점검이 필요함. … (중략)</td></tr>
</table>

〈집단종결기록서〉

집단명	중학생 집단따돌림 예방 프로그램	집단지도자(실습생)명	임**
집단진행 날짜	2019년 10월 ~ 11월	집단활동 장소	집단상담실
전체 진행 회기 수	10회기	출석율	90%

주요 진행사항

• 참여자 : 집단따돌림 위험군 대상자

연번	이름	연락처	5/10	5/11	…		

• 회기별 주요 내용

회기	주요 내용	비고

• 진행내용
- 계획대비 진행 결과를 시간/ 순서대로 서술
- 진행된 사실 서술 + 과정 관찰 시 특이사항 추가 기술
- 진행된 사실 밑에 평가계획에 근거한 평가내용 기술
  (효과성 평가, 산출 평가, 집단참여자의 반응 평가 등)

• 결산
- 총 예산 - 총 지출 - 지출내용

항목	산출근거(내역)	계획	지출
활동 지원비	간식 구입 4,000원×10명×10회	400,000원	39,800원
	마을지도그리기 물품구입 50,000원×1회	50,000원	47,130원
합계			

※ 예산의 효율성에 대한 평가 추가 기재

• 총평

• 추후 계획

1. 집단성원의 평가
   1) 운영측면
      (1) 프로그램 진행평가
      (2) 집단 참여 태도
   2) 프로그램 내용
   3) 목표달성
   4) 다음 프로그램에 대한 의견
   5) 지도자에 대한 평가

2. 지도자(실습생)의 평가
   1) 집단의 특징
   2) 집단성원의 참여도
   3) 집단성원에 대한 개별화의 정도(집단 개별대상자 기록지 정리)
   4) 집단역동의 활용 정도
   5) 집단에 대한 발달단계분석

출처 : **종합사회복지관, ***지역아동센터 2019년 실습일지 예.

5) 사례관리[4)]

사례관리는 사회복지 영역에서 가장 보편적이며 중요한 서비스 전달체계이다. 대부분의 사회복지관에서는 사례관리팀을 두고 있으며 실습생들은 사례관리 과정을 경험하고 교육받는다. 사례관리 관련 문서 작성 시 유의해야 할 점과 관련 교육자료 및 과제 예시는 아래와 같다.

첫째, **비밀보장**

사례관리 관련 기록에는 클라이언트의 개인 정보가 담겨 있으므로 주의해야 한다.

또한, 실습일지 및 실습보고서 작성 시 관련 자료에 정보가 누출되지 않도록 해야 하며 문서폐기는 관련 규정에 준한다.

둘째, **강점관점**

사례관리 대상자는 만성적이고 복합적인 어려움을 가지고 있다. 이들에게서 강점을 찾는다는 것은 쉽지 않다. 그러나 평소 강점관점으로 상황들을 바라보는 훈련을 하게 되면 대상자를 바라보는 시각이 변화되고 보다 효과적인 개입방법도 생각하게 된다.

셋째, **욕구분석**

사례관리 대상자 및 의뢰자, 사례관리자 시각의 욕구를 기술하면 욕구가 다를 수 있다. 따라서 클라이언트, 의뢰자, 사례관리자의 욕구를 각각 기술하고 그 상황이 무엇인지 이해하게 되면 보다 명확한 개입 목표를 설정할 수 있게 된다.

---

4) 제3장, 제3절 사례관리에 대한 이해에서 자세히 다루었음

넷째, **지역사회 자원 연계**

지역사회 내에 다양한 지역사회기관이 있다. 사례관리의 효과성을 배가시키기 위해서는 지역 내 필요한 다양한 자원을 연계하고 활용하는 것이 중요하다. 실습 초기단계에서 기관분석 및 지역사회분석을 통해 활용할 자원목록을 구축하고 이를 사례관리 과정에 적용해야 한다.

다섯째, **사례관리 과정 수행**

클라이언트 만남, 인테이크, 사정, 사례관리 계획 수립, 점검 등의 사례관리 과정을 수행하면서 초기면접지, 사례관리 계획서 및 실행평가표, 사례관리 과정기록지, 실행 점검 기록지, 사례관리 평가서 및 종결보고서 등과 같은 문서를 작성해야 한다. 예시는 아래와 같다.

사례관리 관련 문서 예시

〈초기면접지 : Intake Sheet〉

결재	담당	팀장	과장	부장

면접일(작성일)	2019. 7. 22.월(2019. 7. 23.화)	작성자	김**

의뢰경로				
	의뢰자 정보	김**	의뢰일	2019. 7. 22.월
	의뢰사유			
	스크리닝 정보			

당사자명	김**		생년월일	194*. 3. **
주 소	경동시장로 **길 14 3층		찾동 권역	**1권역**
연락처	010-5***36*** 김**(언니)		면접자(정보제공자)	김**(언니)
학력	대학교		기관소개	상/**중**/하
종교	기독교(장로교)		절차 설명	상/**중**/하
청결상태 정도	상/**중**/하	**자발성** 상/중/**하**	의사소통/상호작용 정도	상/중/**하**
가족	가족형태	□ 독거노인가구 □ 조손가구 □ 소년소녀가구 ☑ **장애인가구** □ 한부모가구 □ 노인부부가구 □ 청장년인가구 □ 다문화가구 □ 부부중심가구 □ 미혼모·부가구 □ 기타		

<table>
<tr><td rowspan="7"></td><td rowspan="7">가족
사항</td><td>관계</td><td>성명</td><td>연령</td><td>생년월일</td><td>학력</td><td>직업</td><td>동거여부</td><td>특이사항</td></tr>
<tr><td>본인</td><td>김**</td><td>만 73세</td><td>4*. 3. **</td><td>대학교</td><td>무직</td><td>O</td><td>조현병, 치매, 파킨슨 有</td></tr>
<tr><td>언니</td><td>김**</td><td>-</td><td>-</td><td>대학교</td><td>목회자</td><td>O</td><td>요양보호자 자격증 有</td></tr>
<tr><td>언니</td><td>-</td><td>-</td><td>-</td><td>-</td><td>-</td><td>X</td><td rowspan="4">이혼 후
양육권 박탈 및
연락 두절</td></tr>
<tr><td>자녀</td><td>-</td><td>-</td><td>-</td><td>-</td><td>-</td><td>X</td></tr>
<tr><td>자녀</td><td>-</td><td>-</td><td>-</td><td>-</td><td>-</td><td>X</td></tr>
<tr><td>자녀</td><td>-</td><td>-</td><td>-</td><td>-</td><td>-</td><td>X</td></tr>
<tr><td rowspan="2">건강</td><td colspan="2">장애유무</td><td colspan="5">□ 비장애 ☑ 장애 (정신장애 중증)</td><td>유병기간</td><td>약40년(조현병)</td></tr>
<tr><td colspan="2">의료구분</td><td colspan="7">□ 정부보호 (□ 의료보호 1종, ☑ 의료보호 2종) □ 지역의료 □ 직장의료</td></tr>
<tr><td rowspan="5">경제</td><td colspan="2">수입</td><td colspan="2">생계급여+장애인연금
= 약 95만 원</td><td>수입
내용</td><td colspan="2">월수입 : 없음
정부지원금 :
약 95만 원</td><td colspan="2">후원금 : 없음
기타 :</td></tr>
<tr><td colspan="2">지출</td><td colspan="2">식비-가장 많이 쓰임
교통비-병원 갈 때 택시 이용
의료비-병원비와 약값</td><td>지출
내용</td><td colspan="4">주거비(0원) 생활비(-)
의료비(-) 교육비(0원)
교통비(-)
공과금(통신/전기/수도/가스)</td></tr>
<tr><td colspan="2">부채</td><td colspan="7">금액(-) 월상환액(-) 부채사유 :</td></tr>
<tr><td colspan="2">소득</td><td colspan="7">중위소득 기준 소득 비율 = 원 / 원 × 100 = %</td></tr>
<tr><td colspan="2">보호수준</td><td colspan="7">□ 일반 수급자 ☑ 조건부수급자 □ 한부모가족보호당사자
□ 차상위(법정 / 기타) □ 저소득 □ 기타</td></tr>
<tr><td rowspan="2">주거</td><td colspan="2">주거구분</td><td colspan="7">☑ 자가(주택 · 아파트, 시가 : -) □ 전세 ( )
□ 월세 (보증금 만원/월세금 만원) □ 기타 :</td></tr>
<tr><td colspan="2">주거형태</td><td colspan="7">☑ 방 : 2 개 ☑ 부엌 ☑ 기타공간 ☑ 난방시설(등유□ 도시가스☑)
☑ 욕실 ☑ 화장실 ☑ 수도시설</td></tr>
<tr><td colspan="3" rowspan="4">현재 이용 서비스
(최근 6개월)</td><td>서비스명</td><td colspan="2">제공자/ 기관</td><td>이용시작일</td><td>담당자연락처</td><td>비고</td></tr>
<tr><td>급식서비스</td><td colspan="2">**종합사회복지관</td><td>-</td><td>010-2***-0*</td><td>조건부수급</td></tr>
<tr><td></td><td colspan="2"></td><td></td><td></td><td></td></tr>
<tr><td></td><td colspan="2"></td><td></td><td></td><td></td></tr>
<tr><td colspan="3">지원요청 사항</td><td colspan="7">- 급식 서비스가 지속적으로 지원되기를 바람.
- 적절한 보호서비스가 지원되기를 바람.</td></tr>
</table>

• 가계도

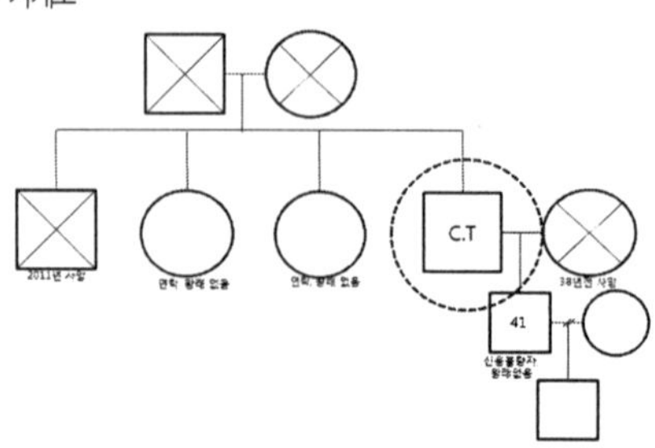

• 생태도

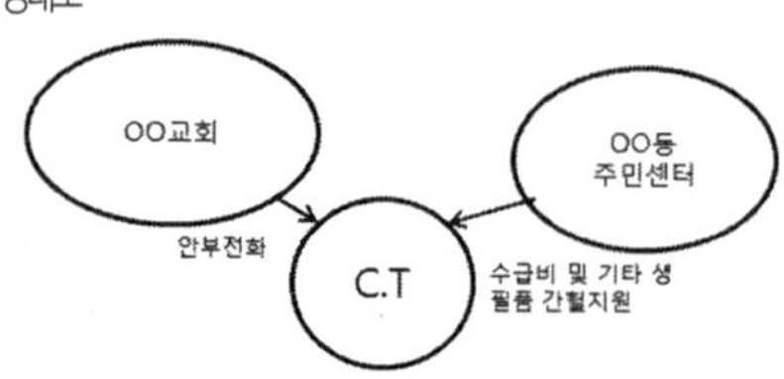

• 약도					
• 개인력/ 가족력/ 가족관계 ㄷ.는 대학교까지 졸업할 정도로 유복한 가정에서 … (중략)					
• 경제상황(수입/ 생활비/ 저축/ 부채 등) ㄷ.는 수급권자로 매월 … (중략)					
• 건강상황(장애/ 병력/ 진단 및 치료 등) 지난 40여 년간 지속적으로 … (중략)					
• 사회심리적상황(생활상태 · 심리정서상태 · 사회적관계망 등) ㄷ는 1층 방에서 생활하고 있으며 … (중략)					
• ㄷ의 문제 및 욕구(주호소내용) ㄷ.는 식사준비와 일상적인 활동 및 … (중략)					
조 치	• 서비스 계획 • 사례회의 □ 타기관의뢰 □ 종결 □ 기타( )				
접수일시	2019 . 7 .	종결일시			**종합사회복지관 02)***_****

출처 : *** 종합사회복지관 2019년 실습 내용 중 발췌.

〈사례관리 계획서〉

결재	담당	팀장	과장	부장

• 내담자명 : 한** • 작성일 : 2018. 1.

영역	내담자의 문제 및 욕구	합의된 목표	실행계획	기 간	외부자원연계 및 자원확보방안
[건강] 신체, 정신건강	• 정신건강센터와 상담해 보니 병원입원은 싫고 … (중략)	• 병원 통원치료를 통하여 치료	• 단기 : **정신건강증진센터 연계 위기상담 • 장기 : 정신건강의학과 통원 치료	2018. 1. ~2018. 12. (매월)	• OO 정신 건강증진센터 • OOOO 정신건강의학과
가족 관계	• 아들이 작년 연말에 실직 이후 … (중략)	• 아들과의 관계를 객관적으로 바라 볼 수 있는 상담 제공	• 단기 : 정기적 상담 진행으로 감정 다루기 • 장기 : 여러 기관과의 사례 회의를 통하여 방법 모색	2018. 1. ~2018. 12. (매월)	• 담당자 개별상담 • 유관기관과의 통합사례관리 진행(OO정신건강증진센터, 주민센터)
사회적 관계	• 밖에서 보이게 괜찮지만 내 상황은 너무 힘들어요. 밖에 나가라고 말하지만 사실 쉽지 않아요.				

경제	• 아들이 2,000만 원 퇴직금이 있는데 매달 월세로 깎아 먹고 있으니, … (중략)	• 경제적 부담 완화	• 단기 : 병원비지원 • 장기 : 외부지원 연계시 적절한 자원 연결	2018. 1. ~2018. 12. (매월)	• **사회복지관 • 주민센터
생활 환경	• 책상에 설탕물을 올려놓은 이유는 … (중략)	• 생활환경 정리에 대해 생각 권유	• 단기 : 상담을 통하여 상황 파악 • 장기 : 생활환경 정리에 대한 당사자가 개선하도록 고민 기회 제공	2018. 1. ~2018. 12. (매월)	• 당사자 의지 견인
사례관리자의 역할		• 정기적인 통원치료를 잘 받을 수 있도록 모니터링 및 6개월 후 정신과 의사 상담 추진 • 경제적 상황 파악 및 자원연계 /아들과의 갈등에 따른 정서적 어려움 해소를 위한 정기적 상담 추진			
내담자의 역할		• 정신건강의학과에 정기적으로 통원			

출처 : 창동종합사회복지관(2020).

〈사례관리 계획서 및 평가표〉

결재	담당	팀장	과장	부장

사례번호	1	당사자명	이**	작성일자	2019. 7. 23. 화
유 형	☑ 신규 □ 재사정	개입수준	□ 단순 □ 일반 □ 집중 ☑ 위기	작성자명	김**

<table>
<tr><th>우선 순위</th><th>제시된 욕구</th><th>합의된 목표</th><th>실천계획</th><th>서비스 영역</th><th colspan="2">구체적 실천내용</th><th>평가</th></tr>
<tr><td rowspan="8">1</td><td rowspan="8">"한 칸짜리 방에서 지내려니 … (중략)."
(당사자 이**)
욕구수준
개입 전(10)
개입 후( )</td><td rowspan="8">주거 지원</td><td rowspan="4">• LH전세임대주택 신청에 대해 정보제공 및 안내한다.</td><td rowspan="4">주거 지원</td><td>주체</td><td>사례관리자</td><td rowspan="8">□ 달성(정도) Ct / Wer
□ 연장
□ 재사정</td></tr>
<tr><td>빈도</td><td>단회기</td></tr>
<tr><td>기간</td><td>2019. 8. 1. / 단기</td></tr>
<tr><td>자원</td><td>LH한국토지주택공사(취약계층임대주택), ***종합사회복지관</td></tr>
<tr><td rowspan="4">• LH전세임대주택 신청 및 진행 현황에 대해 모니터링한다.</td><td rowspan="4">주거 지원</td><td>주체</td><td>사례관리자</td></tr>
<tr><td>빈도</td><td>주 1회</td></tr>
<tr><td>기간</td><td>2019. 8. 1.~10. 31. / 중기</td></tr>
<tr><td>자원</td><td>LH한국토지주택공사(취약계층임대주택), ***종합사회복지관</td></tr>
<tr><td rowspan="4">2</td><td rowspan="4">"위암 수술 후 통증으로 인해 이제는 거동도 점점 힘들어지고 있는 상황이에요.</td><td rowspan="4">의료 사항에 대한 모니터링</td><td rowspan="4">• 약물 복용 현황을 확인하고, 약물 복용 시간을 안내한다.</td><td rowspan="4">보호 안전</td><td>주체</td><td>사례관리자</td><td rowspan="4">□ 달성(정도) Ct / Wer
□ 연장
□ 재사정</td></tr>
<tr><td>빈도</td><td>주 3회</td></tr>
<tr><td>기간</td><td>2019. 8. 1. ~ 2020. 7. 31. / 장기</td></tr>
<tr><td>자원</td><td>시립동부병원, ***종합사회복지관</td></tr>
</table>

	건강만 하다면 스스로 경제활동도 할 수 있을텐데..." (당사자 이성일) 욕구수준 개입 전(9) 개입 후( )		• 병원 스케줄을 확인 및 안내한다.	보호 안전	주체 빈도 기간 자원	사례관리자 주 1회 2019. 8. 1. ~ 2020. 7. 31. / 장기 시립동부병원, ***종합사회복지관	□ 달성(정도) Ct / Wer □ 연장 □ 재사정
			• '찾아가는 동주민센터'와 연계하여 건강체크를 받을 수 있도록 정보제공 및 안내한다. • (찾아가는 동주민센터에서 실행된다면 위의 약물·스케줄 모니터링은 중복 투입하지 않는다. 당사자가 사례관리자의 모니터링과 '찾아가는 동주민센터'의 모니터링 중 선택할 수 있도록 한다)	보호 안전	주체 빈도 기간 자원	사례관리자 주 1회 2019. 8. 1. ~ 2020. 7. 31. / 장기 **동주민센터(방문건강관리사업)	□ 달성(정도) Ct / Wer □ 연장 □ 재 사정
3	"가족도 없고, 친구도 없고 외롭긴 하지요. 죽을 나이 다 되어서 그런 게 무슨 소용이 있겠어요." 욕구수준 개입 전(8) 개입 후( )	공식적·비공식적 지원 활용	• **종합사회복지관에서 운영하는 '사례관리 서포터즈'를 안내 및 연계하여, 당사자의 가정에 훈련받은 지역주민이 방문하여 관계할 수 있도록 한다.	심리·사회·정서	주체 빈도 기간 자원	사례관리자 주 1회 2019. 8. 1. ~ 2020. 7. 31. / 장기 **종합사회복지관(사례관리 서포터즈)	□ 달성(정도) Ct / Wer □ 연장 □ 재사정
			• ***종합사회복지관에서 운영하는 노인 자조모임 '위니어'에 참여할 수 있도록 안내한다.	심리·사회·정서	주체 빈도 기간 자원	사례관리자 주 1회 2020. 1. 2. ~ 2020. 12. 31. /장기 ***종합사회복지관(위니어)	□ 달성(정도) Ct / Wer □ 연장 □ 재사정
4	"위암 판정받고 나서 암 관련 정보 얻는 것이 필요하지요. 건강 좀 나아지면 교육 받으러 갈게요." 욕구수준 개입 전(7) 개입 후( )	교육 프로그램 참여	***노인종합복지관에서 운영하는 '건강교실', '건강교육' 사업에 대한 정보를 제공 및 안내하여 선택 참여할 수 있도록 지원한다.	교육·학습	주체 빈도 기간 자원	사례관리자, 당사자 주 1회 2019. 8. 1. ~ 12. 31. /중기 ***노인종합복지관(건강증진사업)	□ 달성(정도) Ct / Wer □ 연장 □ 재사정

종합의견	
당사자 변화	
환경 변화	
사례관리자 의견	
* 서비스 영역 : 경제자립, 주거지원, 일상생활, 의료, 심리·사회·정서, 가족관계, 보호안전, 교육·학습, 기타 ** 장기(7~12개월)/ 중기(3~6개월)/ 단기(3개월 이내) *** 욕구수준 및 평시의 달성 정도는 당사자의 보고를 기초로 하여 10점 척도로 기록한다. 욕구수준 : 심각하지 않다 1점 → 매우 심각하다 10점 달성 정도 : 달성하였으나 매우 미약함 1점 → 충분히 달성됨 10점 **** 평가 시 상담내용을 녹취하여 평가점수에 대한 당사자의 부여점수를 녹취록으로 증빙함.	

출처 : *** 종합사회복지관 2019년 실습 내용 중 발췌.

〈사례관리 과정기록지〉

결재	담당	팀장	과장	부장

사례번호	1	당사자명	이**	사례관리자	우**

일시	전달방식			접촉대상	내용
	상담	서비스 제공	지원 연계		
	○			당사자	아름다운 가게 나눔보따리 지원 - 개인정보 동의
		○		당사자	아름다운 가게 나눔보따리 지원
			○	OO주민센터	동 단위 사례회의 사례의뢰
			○	OO정신건강복지센터	응급입원 의사/ 정신건강의학과 진료 문의
			○	OO정신건강복지센터	정신건강의학과 추천병원 확인/ 의료비 지원결정 전달
			○	OO주민센터	동 단위 사례회의 추가 사례의뢰
			○	당사자	결연후원금 지급
	○		○	당사자	안부차 확인 한부모자조모임 내 반찬 전달 고지
			○	OO정신건강복지센터	OOO팀장 사례 논의(단위사례회의 논의사항)
	○			당사자	병원 지원 감사 인사
	○			당사자	당사자 전수조사 관련 고지

〈실행 점검 기록지〉

결재	담당	팀장	과장	부장

사례번호	1	당사자명	이**	사례관리자	우**	작성일	2018. 1.

합의된 목표	실천계획	개입기간	목표달성 수준 (1~10점)	점검내용
병원 통원치료를 통하여 치료를 받는다.	• 단기 : OO정신건강증진센터 연계 위기상담 • 장기 : 정신건강의학과 통원치료을 잘 받아 우울증 및 자살생각 감소	2018. 1.~12. (주 1회)	당사자 개입전10/ 점검6 당사자 만족도 : 매우 만족 목적달성 : 달성	• OO정신건강복지센터 연계로 2017년 12월부터 2018년 1월까지 자살위기상담 과정을 거쳐서 정신건강의학과 진료에 대해 권고를 받았으나 … (중략)
아들과의 관계를 객관적으로 바라볼 수 있는 상담을 제공한다.	• 단기 : 정기적 상담진행으로 감정 다루기 • 장기 : 여러 기관과의 사례회의를 통하여 방법 모색	2018. 1.~12. (월/격월 1회)	당사자 개입전10/ 점검6 당사자 만족도 : 만족 목적달성 : 만족	• 아들과의 관계가 여전히 소통부재 관계를 유지하고 있음. 아들도 간섭하지 않고 당사자도 … (중략)
경제적 부담을 완화한다	• 단기 : 병원비지원 • 장기 : 외부자원 연계시 적절한 자원 연결	2018. 1.~12. (월 1회/ 물품연결시)	당사자 개입전6/ 점검10 당사자 만족도 : 보통 목적달성 : 미달성	• 계획한 병원비 지원은 당사자가 일시중단 … (중략)
생활환경 정리에 대해 생각해 보도록 한다.	• 단기 : 상담을 통하여 상황 파악 • 장기 : 생활환경 정리에 대한 당사자가 개선하도록 고민 기회 제공	2018. 1.~12. 매월 (월 1회)	당사자 개입전5/ 점검5 당사자 만족도 : 보통 목적달성 : 유지	• 본 목표에 대해서는 당사자는 일부 무기력함을 많이 볼 수 있었음. 당사자의 … (중략)

구분	종합의견	점검
내담자의 변화	병원비 지원에 따른 긍정적 효과를 많이 볼 수 있었음. 신체적 질환에 대해 완화되었다고 인식하고 … (중략)	종 결 ☐ 사례회의 ☑ 서비스 재계획 ☐ 타기관 의뢰 ☐ 유 지 ☐
환경 변화	환경은 크게 달라지지 않았음. 여전히 당사자의 관점에서 … (중략)	
사례관리자 의견	사례관리자와의 라포가 형성되어 … (중략)	

〈사례관리 평가서〉

결재	담당	팀장	과장	부장

사례번호	1	당사자명	이**	생년월일	19**. 7.
기 간	2018. 1.~12.	작성자	우**	작성일	2019. 1.

항목	합의된 목표	진행내용	변화내용	변화정도
목표달성 정도	병원 통원치료를 통하여 치료를 받는다.	• 병원비 지원 • 수면상황모니터링 • 중식도시락 지원	• 선생님 아니였으면 제가 지금 이렇게 있었나요? … (중략) • 잠도 밤에 못잤는데 이제 밤에 자서 이른 새벽 … (중략)	• 당사자 개입전10/ 점검6 • 뒷골 당기는 증상 완화 수면시간 변화
	아들과의 관계를 객관적으로 바라볼 수 있는 상담을 제공한다.	• 정기적 상담	• 아들이 나한테 여전히 관심이 없 … (중략) • 내가 바라는 건 … (중략)	• 당사자 개입전10/ 점검6 • 아들과 소통하지 않으나 의지하는 상황 파악
	경제적 부담을 완화한다.	• 결연후원금 연결 • 물품지원 • 당사자 필요정보 • 주민센터 연계하여 파악	• 복지관에서 유일하게 도와줘요 … (중략) • 아들이 실직하고 상황이 더 … (중략)	• 당사자 개입전6/ 점검10 • 아파트 관리비 27만 원 미납
	생활환경 정리에 대해 생각해 보도록 한다.	정기적 상담	여전히 시멘트벌레는 있고 … (중략)	• 당사자 개입전5/ 점검5 • 변화상황 없음

항목	서비스 종류	제공횟수	수행평가
제공된 서비스	타 기관 연계 (정신건강복지센터, 동주민센터)	5회	자살생각이 높아 바로 정신건강복지센터 위기상담을 개입하여 정신건강의학과 의사의 평가에 … (중략)
	병원비 지원	9회	자원을 찾기에 시급성이 있어 기관 내 사례회의를 통하여 … (중략)
	급식서비스	365회	조리능력이 없어 중식도시락을 2번에 … (중략)
	정기적 상담	29회	거의 대부분의 시간을 혼자 지내다 보니, … (중략)
	결연후원금 지급	12회	소액의 금액이나 당사자에게 필요한 … (중략)
	물품지원	8회	집중사례 선정 시 경제적 어려움을 제일 큰 어려움으로 호소 … (중략)
생태도 개입 전-후 비교	개입 전		개입 후
	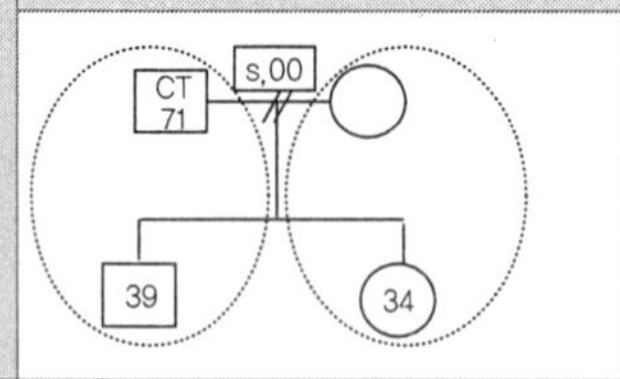		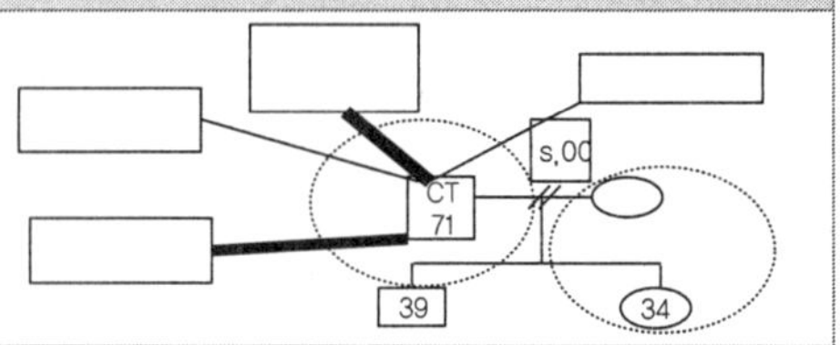
내담자 만족도 (평가결과)	• 당사자 목표 : 정기적으로 통원치료 잘 받는 것 • 역할 : 정신건강의학과에 정기적 통원 당사자의 경우 정신건강의학과에 통원치료 지원에 대해 매우 고마움을 표시하였으며, … (중략)		
사례관리 평가결과	□ 종결 □ 유지(□ 재사정 ☑ 사례관리계획 수정) □ 의뢰 당사자의 경우 장기간 집중사례관리 당사자로 약 3년 정도 집중사례관리를 함께 하였음. 각 욕구에 대해 해결보다는 개입계획에 따른 일정 부분 목표는 도달했다고 판단됨. 또한, … (중략)		

〈사례종결 보고서〉

결재	담당	팀장	과장	부장

사례번호	1	당사자명	이**	생년월일	19**. 7.
주소				전화번호	
사례관리기간					
제공서비스					

종결유형	□ 목표달성(내담자-사례관리자 합의) □ 목표달성 중(내담자-사례관리자 합의) ☑ 다른 지역 이주 □ 서비스 거절이나 포기 □ 내담자 사망 □ 연락두절 □ 불성실한 참여 □ 제공자 사업종료 □ 서비스 자격변동(타 기관 의뢰 : / 의뢰일 :) □ 기타( )	
종결평가	내담자 및 가족의 변화	사례관리자 종합의견
	• 건강회복으로 인한 거동능력 향상 • 식사량 증가로 인한 적절한 체중증가 • 생필품지원으로 경제적 부담감 경감	• 변화를 바라던 이들의 변화가 기대만큼 되지 않았으나 건강부분은 눈에 띄게 회복 … (중략) • 정기적으로 생필품지원을 통해 … (중략)
사후관리 내용 (일정, 기간, 관리방법 기재)	• 신규 거주지 주변 복지관 및 사회복지기관에 서비스 의뢰 요청 • 이사 전 후 안부 확인 및 서비스 연결 여부 확인	

위 내담자는 상기 사유로 인하여 사례관리를 종결합니다.			
종 결 일		담당 사회복지사	(인)
위 사유로 인하여 본 기관의 모든 서비스를 종결하고자 하며, 이에 동의합니다. 20 년 월 일 서비스 내담자 : (인)			

출처 : 창동종합사회복지관(2020).

6) 사회복지기관(사업) 홍보 기획서

사회복지 홍보는 관련 이해관계자(대상자, 지역사회, 기관 구성원 등)들과의 소통창구이다. 따라서 사회복지관 홍보 및 관련 사업들을 홍보하기 위한 다양한 전략이 필요하다. 실습생들은 주로 자신이 기획한 프로그램의 홍보지를 만들게 된다.

홍보지는 간단하면서도 주제가 명확하게 제시되어 있어야 하며, 홍보방법은 주로 신문, 안내지, 기관 소식지, 동 소식지, 벽보, 게시물 전시, 전화, 메일 발송, 홈페이지 게시, 길거리 홍보, 길거리 모집 창구 활동, 공문을 통한 지역사회 관련 단체 홍보, 지역 카페 컵홀더 홍보, 음식점 배달 시 전단지 홍보, 버스게시판 홍보, 차량연계 홍보 등이 있다.

홍보지를 작성할 때는 설득과 공감을 얻을 수 있는 글쓰기 능력을 가져야 하는데 가장 중요한 것은 관심을 끌 제목을 만들고 주요 내용에 부합하는 사진, 그림 등을 선정하여 명확하고 분명한 용어를 사용하여야 한다.

한국사회복지사협회에서 제시하는 사회복지기관(사업) 홍보 기획서는 다음과 같다.

사회복지기관(사업) 홍보 기획 예시

〈사회복지기관(사업) 홍보 기획서〉

기획자(실습생)명 :

1. 상품(홍보하려는 기관이나 사업)의 특성 분석
   (상품의 내용, 경쟁기관이나 사업의 존재 여부 등)
2. 유치하려는 소비자 집단의 특성별 구분
3. 대상별 소비자에게 호소하기 위한 전략
   (담당, 장소, 방법 등을 일목요연하고 자세히 제시)
4. 홍보일정
5. 홍보예산
6. 첨부(보도 자료, 광고전단, 안내지 자료, 홈페이지 자료 등)

〈프로그램 홍보지〉

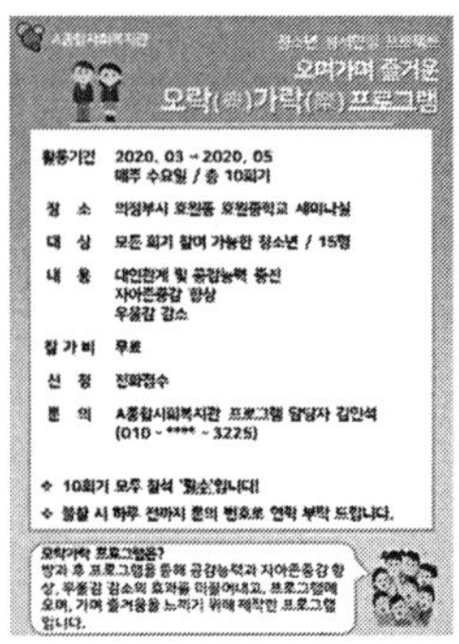

출처 : 한국사회복지사협회(2020), ** 종합사회복지관 2019년 실습 내용 중 발췌.

7) 실습 중간평가서

실습 중간평가는 실습의 중간단계에서 수행하는 중요한 과업이다. 실습생은 중간평가서를 작성하고 이를 토대로 목표달성 정도, 실습을 통해 배운 점, 남은 실습기간 부족한 부분에 대해 보완할 점 등을 슈퍼바이저와 논의하는 시간을 갖는다. 실습 중간평가서 예시는 아래와 같다.

실습 중간평가서

실습생명	김**	기관명	**종합사회복지관
실습기간	2019년 7월 1일 ~ 26일	실습지도자	유** 부장
실습평가일	2019년 7월 12일	실습지도교수	김** 교수

1. 실습목표와 관련된 실습내용 및 역할에 대한 평가

1.1. 수행한 실습내용 및 역할의 요약

실습목표	실습내용	역할
■목표 1 - **종합사회복지관의 역할과 업무를 이해한다. ▹하위목표 1 - **구의 특성을 설명할 수 있다. ▹하위목표 2 - **종합사회복지관의 시설을 설명할 수 있다. ▹하위목표 3 - **종합사회복지관의 사업을 설명할 수 있다.	오리엔테이션	**종합사회복지관의 역사, 목적, 주요사업 및 프로그램, 행정사항, 지역적 특징, 타 기관들과의 연계 등의 부분 이해
	복지사업 전반에 대한 이해 교육	종합사회복지관의 기능 및 역할 이해
	팀별 사업 이해 교육	**종합사회복지관의 주요 사업 및 프로그램 이해
	**구 관내 타 기관 방문	기관 목적에 따른 이용자들의 특성 이해
	회계 교육	사회복지기관의 회계 업무 이해
■목표 2 - '사회복지실천기술론' 과목에서 배운 내용을 실천에 적용한다. ▹하위목표 1 - 사회복지윤리강령의 내용을 실천현장에 적용할 수 있다. ▹하위목표 2 - 프로그램을 기획할 수 있다. ▹하위목표 3 - 사례에 따라 적절한 사회복지 모델과 관점을 적용할 수 있다.	프로포절 작성 교육	프로포절 작성에 대한 이론적 지식 숙지
	프로포절 작성 실행	프로그램 기획 기술 터득
	캠페인 준비 및 실행	캠페인 준비 및 실행 기술 터득
	경계선지능청소년 인터뷰 진행	사회복지윤리강령 준수
	지역조직화 교육	인적·물적 자원의 발굴에 대한 이론적 지식 숙지
	사례관리 교육	사례관리 시 적용할 수 있는 관점과 사례관리 실행체계에 대한 이론적 지식 숙지

<table>
<tr><th>실습목표</th><th>실습내용</th><th>역할</th></tr>
<tr><td rowspan="3">■목표 3
- 다양한 서비스 대상자들과의 관계 형성 기술을 터득한다.
▹하위목표 1
- 장애인을 대하는 법을 터득하고, 장애인과 의사소통할 수 있다.
▹하위목표 2
- 노인을 대하는 법을 터득하고, 노인과 의사소통할 수 있다.
▹하위목표 3
- 아동을 대하는 법을 터득하고, 아동과 의사소통할 수 있다.</td><td>**실버데이케어센터 방문</td><td>실버데이케어센터 관련 이론적 지식 숙지</td></tr>
<tr><td>지역탐방</td><td>시장 상인들과의 소통 기술 터득</td></tr>
<tr><td>경계선지능청소년 인터뷰</td><td>경계선지능청소년과의 관계 형성 기술 및 소통 기술 터득</td></tr>
</table>

1.2. 평가

목표	평가 (성취정도/5)
**종합사회복지관의 역할과 업무 이해하기	- **구의 특성을 설명할 수 있다. (3/5) - **종합사회복지관의 시설을 설명할 수 있다. (3/5) - **종합사회복지관의 사업을 설명할 수 있다. (4/5)
'사회복지실천기술론' 과목에서 배운 내용 실천에 적용하기	- 사회복지윤리강령의 내용을 실천현장에 적용할 수 있다. (5/5) - 프로그램을 기획할 수 있다. (4/5) - 사례에 따라 적절한 사회복지 모델과 관점을 적용할 수 있다. (3/5)
다양한 서비스 대상자들과의 관계 형성 기술 터득하기	- 지역사회 내 상인들과 의사소통할 수 있다.(5/5) - 경계선지능청소년과 의사소통할 수 있다. (5/5)

1.3. 앞으로의 계획

1) 주민참여 프로그램에 참여함을 통해 주민참여 프로그램에 대해 이해하여 타인에게 설명할 수 있도록 한다.
2) 다양한 서비스 대상자들과의 만남과 전화 등을 경험해 보고, 이러한 경험을 통해 대상자들과의 관계형성 기술을 터득할 수 있도록 한다.
3) 희망온돌 실태조사를 경험해 보고, 이를 통해 사회복지현장에서의 실태조사 기술을 습득할 수 있도록 한다.

2. 실습에 임한 자세 및 노력

1) 정해진 시간보다 20~30분 정도 일찍 출근하여 하루의 일과를 준비한다.
2) 교육 내용 또는 슈퍼바이저의 피드백 내용을 기록하여 현장에서 활용할 수 있도록 한다.
3) 경험 부족으로 미숙한 부분이 있다면, 슈퍼바이저의 피드백 내용을 토대로 발전할 수 있도록 한다.
4) 모든 일정에 있어 항상 최선을 다하여 참여한다.
5) 동료 실습생들과 긍정적인 관계를 유지하며, 서로가 가진 역량들을 공유하여 함께 발전할 수 있도록 한다.
6) 동료 실습생들과 조직 활동 시 서로의 의견을 존중하고 배려하며 협력한다.
7) 매일 일지를 작성하여 현장 실습을 통해 배운 점들을 기록한다.

3. 실습을 통해 배운 점
   1) 이번 주 순환실습을 하며 특히 인상 깊었던 점은, 사업 및 프로그램들이 모두 서비스 대상자의 의견을 참고하여 맞춤형 식으로 제공되고 있다는 점이다. 이러한 부분들을 통해 서비스 제공 시에 클라이언트가 그의 삶의 주인됨을 인정하는 것과 클라이언트의 선택을 존중하는 것이 중요함을 배웠다.
   2) 프로그램 계획서를 작성하며 명확・간결・구체적으로 작성하는 것이 필요함을 배웠다. 이러한 배움이 프로그램 계획서 작성 시뿐만 아니라 앞으로 이외의 다양한 문서들을 작성할 때에도 적용될 것이라고 생각한다.
   3) "다같이 다(多)가치" 홍보 캠페인을 계획・준비・실행하는 과정을 통해 캠페인 활동 시 대상자의 눈높이를 고려하는 것이 중요한 부분임을 알게 되었다. 즉, 대상자에 따라 어휘 구사, 내용의 길이, 선물의 종류 등을 다르게 해야 함을 알게 되었다.
4. 앞으로 더 필요한 지식과 기술
   1) 슈퍼바이저의 조언과 같이, 한 현상을 바라볼 때 시야 또는 관점을 넓게 가질 필요가 있다.
   2) 라포 형성을 위해 대화를 이어가는 기술을 연습할 필요가 있다.
   3) 노인 등 만나보지 못 한 서비스 대상자들과 만나보고, 이들과의 관계 기술을 터득할 필요가 있다.
   4) 문서 작성 등의 과제를 할 때 집중력을 발휘하여 시간을 효율적으로 사용하는 연습이 필요하다.
   5) 2. **실습에 임한 자세 및 노력**에 기재된 사항들이 현장실습이 끝날 때까지 유지될 수 있도록 할 필요가 있다.
5. 실습에서 어려웠던 점

   학교와 다르게 과제를 할 수 있는 기간이 짧다는 점이 나에게 가장 어려웠던 점이다. 학교에서는 과제를 할 수 있는 기간이 적어도 일주일은 주어지는 데에 반해, 현장실습에서는 한 과제를 수행할 수 있는 기간이 짧으면 하루, 길면 3일 정도로 주어져서 적응의 어려움이 있었다. 개인적으로 하나의 과제를 수행할 때 한 번에 완성하기보다는 여러 번의 고민과 수정을 통해 과제를 수행하는 편이라 짧은 기간 내에 과제를 완성해야 한다는 점이 부담으로 다가왔던 것 같다. 그러나 이러한 부분도 사회복지현장에서 근무하기 위해 적응해야 하는 부분 중 하나라고 생각한다. 따라서 빠른 시간 내에 과제를 수행하는 능력을 갖출 수 있도록 남은 실습 기간 동안 계속적으로 노력할 것이다.
6. 기관 및 실습지도자에게 건의할 점

   현장실습 신청서, 면접, 현장실습계획서 등에서 실습생에게 슈퍼바이저로서의 적절한 조언과 충고, 그리고 이를 위한 슈퍼바이저와 실습생 간의 관계에 대해 언급한 바 있다. 이 부분에 대해 슈퍼바이저가 실습생들에게 슈퍼비전을 잘 하고 있다고 생각하며 매우 만족한다. 따라서 앞으로 남은 현장실습 기간 동안에도 지금까지와 같이 슈퍼바이저와 실습생이 바람직한 관계를 유지하며, 유익한 슈퍼비전을 받을 수 있기를 바란다.

출처 : ** 종합사회복지관 2019년 실습 내용 중 발췌.

3. 종결단계

1) 실습평가서

실습평가서 예시

실습생명	김**	기관명	**종합사회복지관
실습기간	2019년 7월 1일 ~ 26일	실습지도자	유** 부장
실습평가일	2019년 7월 12일	실습지도교수	김** 교수

1. 실습일정에 대한 평가

실습일정	평가
1주차 (교육)	- 1주차에 예비사회복지사로서 알아야 할 지식들에 대한 교육이 진행되어 이후의 실습기간 동안 교육 내용을 참고하여 업무 및 과제를 수행할 수 있어 유익했음. - 1주차에 실습생 … (중략)
2주차 (서비스 제공팀 순환실습)	- 프로그램 계획, 경계선지적기능청소년과의 상담, 캠페인 실행을 경험할 수 있어 유익했음. - 단회기 프로그램을 직접 기획하고 계획서를 작성하는 경험을 할 수 있어 유익했음. - 경계선지적기능청소년과의 상담 시 실습생들에게 상담 질문지가 미리 배포되었으면 하는 아쉬움과, 각 실습생이 상담하게 될 대상자에 대한 간단한 소개가 상담 전 이루어졌으면 하는 아쉬움이 있음. … (중략)
3주차 (지역조직팀 순환실습)	- 바자회의 홍보물을 제작하고, 계획서를 작성하고, 준비하고, 실행하고, 정리하고, 결과보고서를 작성하는 전 과정을 경험할 수 있어 유익했음. - 바자회 준비 시 동료 실습생들과 함께 협업하여 뿌듯함을 느낌. - 순환실습의 특성상 … (중략)
4주차 (사례관리팀 순환실습)	- 사례관리 당사자에 대해 가정방문 초기상담을 진행하고 초기상담지를 작성하는 경험을 함. - 초기상담 내용을 바탕으로 사례선정회의를 진행하여 급식 서비스 대상자를 선정한 후, 선정된 당사자에 대한 ISP를 작성함. - 사례관리 당사자에 … (중략)

2. 실습생 역할에 대한 평가

실습내용	역할 (성취정도/5)
오리엔테이션	- **종합사회복지관의 역사, 목적, 주요사업 및 프로그램, 행정사항, 지역적 특징, 타 기관들과의 연계 등의 부분 이해(4/5)
복지사업 전반에 대한 이해 교육	- 종합사회복지관의 기능 및 역할 이해(4/5)
**구 관내 타 기관 방문	- 기관 목적에 따른 이용자들의 특성 이해(5/5)
**실버데이케어센터 방문	- 실버데이케어센터 관련 이론적 지식 숙지(4/5)
회계 교육	- 사회복지기관의 회계 업무 이해(3/5)
지역탐방	- 시장 상인들과의 소통 기술 터득(4/5)

서비스제공팀 사업소개	- '다같이 多가치' 사업 이해(4/5) - '한울타리' 사업 이해(3/5) - '희망모아스쿨' 사업 이해(3/5) - '더불어 더블업' 사업 이해(3/5)
프로포절 작성 교육	- 프로포절 작성에 대한 이론적 지식 숙지(5/5)
프로포절 작성 실행	- 프로그램 기획 기술 터득(5/5)
'다같이 다가치' 캠페인 계획·준비·실행	- 캠페인 계획·준비·실행 기술 터득(5/5)
경계선지능청소년 인터뷰 진행	- 사회복지윤리강령 준수(5/5) - 경계선지능청소년과의 관계 형성 기술 및 소통 기술 터득(3/5)
지역조직화 교육	- 인적 · 물적 자원의 발굴에 대한 이론적 지식 숙지(4/5)
지역조직팀 사업소개	- '그루터기' 사업 이해(4/5) - '함께가요 통통마을로' 사업 이해(4/5)
미니 바자회 준비·실행·결과보고서 작성	- 미니 바자회 계획 및 준비 기술 터득(4/5) - 미니 바자회 실행 기술 터득(5/5) - 결과보고서 작성 기술 터득(4/5)
심리상담 교육	- 성격의 장단점, 성향에 맞는 직업, 무의식 속 자신과 주변 환경에 대한 인식 등 이해(5/5)
금융교육	- 금융복지기관의 역할 이해(4/5) - 금융 관련 지식 숙지(3/5)
'휴데이' 지원	- 청소년 아웃리치 기술 터득(5/5) - 청소년 대상자와의 소통 기술 터득(3/5)
사례관리 교육	- 사례관리 시 적용할 수 있는 관점과 사례관리 실행체계에 대한 이론적 지식 숙지(4/5)
사례관리팀 사업소개	- '희망온돌' 사업 이해(4/5)
초기상담·가정방문	- 초기상담 기술 터득(3/5) - 노인 대상자 소통 기술 터득(4/5)
초기상담지 작성	- 초기상담지 작성 기술 터득(4/5)
사례선정회의	- 사례 설명 기술 터득(4/5) - 사례 선정 기술 터득(5/5)
사례개입계획서(ISP) 작성	- 사례개입계획서(ISP) 작성 기술 터득(5/5)
희망온돌 사후관리 상담 방문	- 사후관리 상담 기술 터득(4/5)
상담일지 작성	- 상담일지 작성 기술 터득(4/5)
사례관리 안내문 제작	- 지역주민 대상 사례관리 안내 기술 터득(4/5)

3. 실습목표에 대한 평가

1) 구체적이고 적절한 목표 설정 여부

목표	실천 및 평가
목표 1. **종합사회복지관의 역할과 업무를 이해한다.	- 1주차의 교육 일정들을 통해 **종합사회복지관의 역할과 업무를 이해함.
• 하위목표 1. **구의 특성을 설명할 수 있다.	- 오리엔테이션을 통해 **구의 특성을 이해함.
• 하위목표 2. **종합사회복지관의 시설을 설명할 수 있다.	- 오리엔테이션을 통해 **종합사회복지관의 주요 시설을 알게 됨.
• 하위목표 3. **종합사회복지관의 사업을 설명할 수 있다.	- 각 팀의 사업소개를 통해 **종합사회복지관의 주요 사업을 이해함.

목표 2. '사회복지실천기술론' 과목에서 배운 내용을 실천에 적용한다. • 하위목표 1. 사회복지윤리강령의 내용을 실천현장에 적용할 수 있다. • 하위목표 2. 프로그램을 기획할 수 있다. • 하위목표 3. 사례에 따라 적절한 사회복지 모델과 관점을 적용할 수 있다.	- 2·3·4주차의 순환실습 시 '사회복지실천기술론' 과목에서 배운 내용을 실천에 적용함. - 상담 시 사회복지윤리강령 내용을 지킴. - 단회기 프로그램을 기획함. - 사례관리 시 강점관점과 생태체계관점으로 개입하고자 함.
목표 3. 다양한 서비스 대상자들과의 관계 형성 기술을 터득한다. • 하위목표 1. 장애인을 대하는 법을 터득하고, 장애인과 의사소통할 수 있다. • 하위목표 2. 노인을 대하는 법을 터득하고, 노인과 의사소통할 수 있다. • 하위목표 3. 아동을 대하는 법을 터득하고, 아동과 의사소통할 수 있다.	- 경계선지적기능청소년, 학교 밖 · 학업중 단위기 청소년, 급식서비스 대상자, 희망 온돌 대상자와 상담 혹은 대화 함. - 장애인이 다양하게 구분될 수 있다는 점에서 더 구체적인 목표설정 필요함. - 사례관리 상담을 통해 노인과의 관계 형성 기술을 터득함. - 실습 일정 중 아동 대상 일정은 없었으나, 기관 내 아동들과 인사함. 목표 설정 시 실습 일정을 파악한 후 설정 필요함.

2) 목표의 달성 여부

목표	평가 (성취정도/5)
**종합사회복지관의 역할과 업무 이해하기	- **구의 특성을 설명할 수 있다. (3/5) - **종합사회복지관의 시설을 설명할 수 있다. (4/5) - **종합사회복지관의 사업을 설명할 수 있다. (4/5)
'사회복지실천기술론' 과목에서 배운 내용 실천에 적용하기	- 사회복지윤리강령의 내용을 실천현장에 적용할 수 있다. (5/5) - 프로그램을 기획할 수 있다. (4/5) - 사례에 따라 적절한 사회복지 모델과 관점을 적용할 수 있다. (4/5)
다양한 서비스 대상자들과의 관계 형성 기술 터득하기	- 지역사회 내 상인과 의사소통할 수 있다.(5/5) - 청소년과 의사소통할 수 있다. (5/5) - 노인과 의사소통할 수 있다. (5/5)

4. 서비스 실천과정에 대한 평가/ 정책 및 행정 실습에 대한 평가

1) 문제 파악 및 자료수집 능력/ 문제 인식 능력

문제 파악 및 자료수집 능력	문제 인식 능력
사례관리 상담 시 자연스러운 대화를 통해 당사자의 욕구를 파악하고자 함. 그 결과, 당사자로 하여금 담당 사례관리자도 미처 알지 못했던 정보들을 알아내고, 당사자의 속 이야기를 많이 이끌어 낼 수 있었음.	- 희망온돌 사후관리를 위한 상담 시 당사자가 지원된 주거지원비를 다른 용도로 사용했다는 사실을 알게 됨. 이때 당사자를 질책하지 않고 주거지원비의 사용처에 대해 차분히 질문함으로 당사자로 하여금 많은 이야기를 이끌어 냄. 이렇게 수집된 자료로 상담일지 등의 문서를 작성하여 향후방향에 대해 도움이 되고자 함.

2) 문제 사정 능력/ 문제 분석 능력

문제 사정 능력	문제 분석 능력
사례관리 상담 시 자연스러운 대화를 통해 당사자의 공식적·비공식적 체계에 대해 파악하고자 함. 그 과정에서 당사자들의 가족문제, 경제적 문제 등을 파악할 수 있었음.	- 사례관리 초기상담의 내용을 바탕으로 문제 해결의 우선순위를 정함. 그 결과 당사자가 표현하는 욕구와 사례관리자가 생각하기에 당사자에게 필요하다고 판단되는 것이 다를 수 있음을 알게 됨. 이러한 배움에 따라 당사자와 사례관리자가 (가상으로) 합의한 내용으로 ISP를 작성하고자 노력함.

3) 개입 기술/ 문제해결을 위한 대안제시능력

개입 기술	문제해결을 위한 대안제시능력
'휴데이' 활동 지원을 하는 과정에서 대상자들이 최대한 활동에 편안하게 참여할 수 있도록 지원함. 그 예로는, 혼자 있는 청소년과 대화 및 활동을 함께 하거나, 활동에 참여하고자 문의하는 청소년들이 활동에 참여할 수 있도록 안내 및 지원한 것 등이 있음.	- 초기상담 시 파악된 당사자의 욕구에 대해 우선순위를 정한 후, ISP를 작성함. ISP를 작성하는 과정에서 다양한 자원 활용을 위해 인터넷을 통해 자료수집을 함. 그 결과, LH한국토지주택공사 '취약계층임대주택', 찾아가는 동주민센터 '방문건강관리사업', **노인종합복지관 '사례관리 서포터즈', **종합사회복지관 '위니어' 등의 자원활용을 계획하게 됨.

4) 면접 기술/ 기존지식과 정보의 사용능력

면접 기술	기존지식과 정보의 사용능력
한울타리 당사자 상담 시 편안한 대화 분위기를 형성하기 위해 노력함. 그러나 실습생도 긴장한 상태였으며, 실습생의 대화기술이 다소 부족하여 아쉬움이 있었음.	- 한울타리 당사자 상담 시 경계선지적기능청소년이 질문에 대해 엉뚱한 답변을 할 경우 사전에 담당 사회복지사가 설명한 정보를 이야기하여 대화를 이어가고자 함.

5) 기록 기술/ 기록 기술

기록 기술	기록 기술
사례관리 당사자 상담 시 경청과 기록의 딜레마에서 기록을 하면서도 최대한 당사자와 눈맞춤을 하며 당사자의 표정과 태도 등을 관찰하기 위해 노력함. 그 결과, 상담일지 작성 시 당사자의 언어적·비언어적 표현들을 구체적으로 기재할 수 있었음.	- 프로그램 계획서, 바자회 결과보고서, 초기상담지, ISP, 상담일지 등을 작성할 때 최대한 실습지도자들의 피드백을 반영하여 작성하려고 노력함. 그 결과, 첫경험이었음에도 꽤 완성도 높은 결과물이라는 피드백을 들을 수 있었음.

6) 클라이언트와의 전문적인 관계 형성/ 유관 기관 및 관련된 사람들과 전문적인 관계 형성

클라이언트와의 전문적인 관계 형성	유관 기관 및 관련된 사람들과 전문적인 관계 형성
클라이언트와의 첫 만남 시 항상 본 실습생을 먼저 소개한 후 클라이언트의 소개를 요청하여 클라이언트로 하여금 편안하게 본인을 소개하도록 이끌어 내고자 함. 클라이언트의 이야기에는 공감해주되 본 실습생의 사적인 부분은 지나치게 내보이지 않고자 함.	- 첫 만남 시 본 실습생의 소속과 신분을 밝힘. - 날씨 등의 일상적인 이야기로 관계 형성에 도움이 되고자 함.

5. 실습생의 자원 활용에 대한 평가(인적, 물적 자원)

1) 기관 외의 자원 활용	2) 실습과 관련된 참고서적의 활용
인터넷 자료	- 대학교에서 주어진 「실습 오리엔테이션」 교재 - 「사회복지실천기술론」 전공교재 - 「프로그램 계발과 평가」 전공교재

6. 실습에 임하는 자세에 대한 평가

1) 업무관리

(1) 시간 준수, 과제 제출	- 매일 20~30분 일찍 출근하여 하루의 일정을 준비할 수 있도록 노력함. - 매일 일지를 작성하여 제출함. - 기관분석보고서, 독서토론일지, 지역탐방보고서, 중간평가서, 순환실습 팀별 과제를 모두 기한 내에 제출함.
(2) 주어진 일에 대한 업무조절 능력	- 실습 첫째 주에는 일지 작성 등 주어진 과제를 수행하는 데에 시간이 오래 걸려 수면시간이 부족해지는 경우가 있었으나, 점차 적응함에 따라 과제 수행시간이 줄어듦. - 실습시간(9:00~18:00) 동안 주어진 업무를 완성하지 못해 야근을 하게 된 경우가 2회 있었음.

2) 직원과의 관계

실습지도자	타 직원	타 전문직 직원
- 모든 실습생들과 실습지도자(사회복지부 부장)가 단체톡방을 통해 소통함. - 조회와 종례 시 일정 관련 느낀 점을 이야기 하고 실습지도자에게 피드백을 받음. - 질문사항 혹은 전달사항이 있을 경우 사무실을 방문하거나 연락하여 소통함. - 집단 슈퍼비전 시간, 점심시간, 휴식시간 등에 사적인 이야기를 나누기도 함.	- 사회복지부 과장, 팀장, 대리, 사회복지사, 인턴, 자활센터 센터장과 직원들, 방과후교실 센터장, 가족상담코칭센터 센터장, 총무부 직원들 등과 기관 내에서 마주칠 때마다 인사함. - 출근 시와 퇴근 시 복지부 사무실에 방문하여 직원들에게 인사함. - 질문사항이 있을 경우 담당 직원에게 사무실을 방문하거나 연락하여 질문함.	- 매 중식시간 영양사와 인사를 나눔. - 직원으로 판단되는 사람(미화직원, 영양사, 문화·체육부서 강사들과 직원들, 안전기사 등)들과 기관 내에서 마주칠 때마다 인사함.

3) 다른 실습생과의 관계

- 동료 실습생들과 단체 카톡방을 만들어서 서로 일정 관련 사항, 과제 관련 사항, 업무 관련 사항 등에 대해 소통함.
- 기관에서의 하루 일정이 끝난 후, 야근이 필요할 경우 동료 실습생들과 함께 저녁식사 후 기관에 남거나 인근 카페에 가서 야근을 함께 함.
- 조직업무 수행 시 서로의 의견을 존중하여 반영하고, 서로의 강점을 활용하여 분업·협업이 잘 이루어지도록 함.
- 실습에 잘 임할 수 있도록 매일 서로를 응원함.
- 다른 실습생이 잘 수행한 업무가 있다면 칭찬함.
- 본 실습생이 잘 수행한 업무가 있다면 다른 실습생에게 조언을 줌.
- 서로 실습에 열심히 임하는 모습을 보여 서로에게 본받을 수 있도록 함.

4) 실습에 있어서의 적극성 및 자발성

- 매일 20~30분 정도 일찍 출근하여 하루 일정을 준비할 수 있도록 함.
- 질의사항 혹은 필요한 것이 있을 때 사회복지부 사무실에 방문하여 이를 해결하고자 함.
- 주어진 일정 계획표 및 실습지도자의 공지사항에 따라 업무 및 과제를 스스로 수행함.

7. 전문적 태도에 대한 평가

1) 사회복지사로서 실습생 자신의 장·단점에 대한 인식

장점	프로그램 계획서 작성, 사례관리 ISP 작성, 상담일지 작성 등 행정적인 부분에서 첫 경험임에도 꽤 괜찮은 결과물을 완성함.
단점	상담 시 대화를 이어가는 역량을 개발하고, 당사자에게 지나치게 감정이입 할 우려가 있음을 개선할 필요가 있음.

2) 전문가로서 윤리 및 가치관의 이행

- 경계선지적기능청소년과의 상담 내용, 급식서비스 당사자와의 상담 내용, 희망온돌 당사자와의 상담 내용에 대해 비밀보장을 지킴.
- 당사자의 선택을 최대한 이해 및 존중하고자 함.
- 사례관리 당사자와의 상담 시 적절히 공감하면서도 지나치게 감정이입 하지 않도록 노력함.

8. 실습지도 활용 정도에 대한 평가

1) 실습생 자신의 실습지도 활용정도에 대한 평가
- 일지의 '실습지도자 의견'과 집단 슈퍼비전의 내용, 그리고 각 실습지도자들(일정에 투입된 대리, 팀장, 사회복지사 등)의 교육·활동 내용과 피드백을 기억하고 참고하여 더욱 발전하고자 노력함.

2) 실습지도 자체에 대한 평가
- 실습지도 내용이 적절했음.
- 실습생의 업무 및 과제에 대한 점검과 피드백이 잘 이루어졌음.
- 실습지도자의 실습생에 대한 지지가 잘 이루어졌음.

9. 기관 이해도에 대한 평가

1) 실습생의 과업과 관련된 기관의 목적, 정책, 행정 절차에 대한 이해
- 실습생이 현장 업무를 경험해 봄으로써 준비된 예비사회복지사가 될 수 있도록 양성함.

2) 실습생으로서의 기관 내의 권한과 한계에 대한 인식
- 실습기간 동안 기관 내의 직원들이 실습생들을 직원과 동등하게 존중함에 따라 더욱 책임감을 가지고 실습 일정을 수행할 수 있었음.
- 바자회 시 실습생의 위치에 대해 혼란스러웠던 부분이 있었음. 인적자원(자원봉사자, 사회복무요원)을 관리하는 경험을 할 수 있는 기회였으나 전문성 부족으로 기회를 잘 활용하지 못한것 같다는 아쉬움이 있음.

10. 실습 기간 중 가장 유익했던 내용

- 서비스제공팀 – 네 명의 실습생이 협력하여 '다같이 多가치' 홍보캠페인을 준비 및 실행한 경험은 많은 보람을 느꼈던 일정이라 특히 기억에 남는다. 현장에서의 조직 업무를 경험해 볼 수 있어 유익했다.
- 지역조직팀 – 학교에서 결과보고서나 홍보지 등은 작성해본 경험이 없었는데, 실습을 통해 현장에 나가 기본적으로 수행하게 될 업무들을 경험해 볼 수 있어 유익했다.
- 사례관리팀 – 상담은 이성적이고 객관적으로 판단할 수 있는 역량의 필요성을 더욱 깨달을 수 있게 한 경험이었다. 예비사회복지사로서 갖추어야 할 역량에 대해 스스로 생각해 볼 수 있어 유익했다.

11. 실습기간 중 가장 안 좋았던 내용
- 없다. 실습기간 중 진행되었던 모든 내용이 의미 있고 유익했다.

12. 실습 기관, 실습 지도자, 대학에 대한 건의사항

실습 기관	순환실습의 특성상 다양한 업무를 경험해 볼 수 있다는 점은 좋았지만, 적은 시간 내에 다양한 업무를 감당해야 한다는 부담이 다소 있었음. 또한 예를 들어, 서비스제공팀의 경우 프로그램을 계획서만 작성하고 실행해 보지는 못했다는 점, 사례관리팀의 경우 약 한 시간의 초기상담시간만으로 개입계획을 수립해야 했다는 점 등 순환실습에서 오는 아쉬움이 몇 가지 있었음.
실습 지도자	실습지도자와 실습생 간의 소통이 잘 이루어져서 좋았음. 실습지도자가 실습생들에게 많은 관심을 가지고 있다는 점을 대화를 통해 느낄 수 있었음. 또한 실습생에게 어려운 점이 있을 때 실습지도자가 실습생을 격려하여 힘을 얻을 수 있었음. 실습생에 대한 실습지도자의 조언과 충고도 적절히 이루어졌음. 이후의 실습지도 시에도 지금과 같은 슈퍼비전이 이루어지면 좋을 듯 함
대학	대학교에서의 실습 오리엔테이션 시간이 다소 짧았다는 느낌이 들어 아쉬움이 있었음.

13. 실습생 종합 의견

실습을 하면서, 그리고 실습을 마치며 느끼는 바로, 실습기관 선정을 잘 했다는 생각이 든다. 실습기간 중 불필요하다는 생각이 드는 일정이 전혀 없었으며, 현장에서 필요한 업무들을 배울 수 있어 유익하다고 느꼈다. 또한 실습지도자들의 실습생에 대한 격려와 지지가 있어, 자신감을 잃지 않고 실습기간의 마지막까지 큰 어려움 없이 마무리 할 수 있었던 것 같다.

실습생 개인마다 보완해야 할 점들에 대해서도 실습지도자에게 피드백 받을 수 있어 유익했다. 종종 업무를 시간 내에 수행하지 못해 야근을 하게 되거나, 과제 수행으로 인해 수면시간이 줄어드는 어려움도 있었지만, 이러한 경험을 통해 업무 및 과제에 대한 조절의 필요성을 알게 되어 유익했다. 앞으로 실습을 하며 알게 된 본 실습생의 강점들은 유지하고, 미숙한 부분들은 보완하여 지식, 기술, 가치의 부분을 모두 가진 사회복지사가 되기 위해 노력할 것이다.

실습을 하며 순환실습과 심화실습의 장단점에 대해 느낄 수 있었다. 순환실습을 하며 깊은 경험들을 해보지 못해 아쉬웠던 부분들이 있다. 그러나 개인적으로 다양한 배움을 할 수 있었던 순환실습이 본 실습생이 원하던 실습에 더 부합하다고 생각한다. 실습기간 동안 실습지도자들의 아낌없는 칭찬과 진심어린 조언들이 실습생들의 업무수행의 질을 높이는 데에 기여했다고 생각한다. 이후의 사회복지현장실습 시에도 지금처럼 실습지도자들의 지지 및 슈퍼비전이 잘 이루어지면 좋을 것 같다.

출처 : **종합사회복지관 2019년 실습 내용 중 발췌.

Social Welfare

참고문헌

고신대학교(2012). **사회복지실습**. 부산 : 고신대학교.

김선희・조휘일(2000). **사회복지실습**. 경기 : 양서원.

김성이・조학래・노충래(2004). **청소년복지학**. 경기 : 양서원

김융일・양옥경(2002). **사회복지수퍼비전론**. 경기 : 양서원.

김희성・나용선(2008). **사회복지현장실습 매뉴얼**. 경기 : 양서원.

박경현(2011). 제 7회 학교사회복지사 자격시험 합격자 자격연수. 한국학교사회복지사협회.

보건복지부(2019). 보건복지부 고시 제 2019 – 249호.

__________(2019). 사회복지사업법 시행규칙 일부개정령. 2020. 1. 1.

서진환(2001). **사회복지실습의길잡이**. 서울 : 학지사.

신성자(2007). **사회복지실천기술론**. 경기 : 양서원.

손광훈(2020). **사회복지실천기술론**. 경기 : 공동체.

숭실대학교사회복지학과(2009). 사회복지현장실습 오리엔테이션 자료집.

이시연(2001). 사회복지전공 학부생의 실습지도 모델개발에 관한 연구. 서울여자대학교 대학원 박사 학위논문.

이시연(2011). **사회복지현장실습**. 경기 : 창지사.

이원주・우병훈(2020). **사회복지현장실습**. 경기 : 공동체.

이영분(2001). **사회복지실천론**. 경기 : 동인.

안정선・윤철수・진혜경・박경현(2010). **학교사회복지 현장실습지도 매뉴얼**. 서울 : 양서원.

엄명용・김성천・오혜경・윤혜미(2011). **사회복지실천의 이해**. 서울 : 학지사.

오혜경・하지영(2007). **사회복지현장실습 매뉴얼**. 경기 : 양서원.

윤철수・김정진2010). **예비사회복지사를 위한 현장실습 길라잡이**. 서울 : 학지사.

조성심(2011). 아산복지재단 대학생멘토링 프로그램 프로포절. 신한대학교.

______(2011). 사회복지현장실습 매뉴얼. 신한대학교.

______(2012). 보건복지부 휴먼네트웤 멘토링 프로포절. 신한대학교.

______(2014). 서울특별시교육청 학교사회복지시범사업 사례보고.

조성우・안정선・최승희(2018). **사회복지 프로그램 개발과 평가**. 서울 : 학지사.

주석진・조성심・라미영・방진희・엄경남・이종익・전구훈(2020). **학교사회복지론**. 경기 : 양서원.

신성자(2012). **사회복지실천기술론**. 경기 : 양서원.

서울특별시복지재단(2013). 통합사례관리 가이드라인. 서울특별시복지재단.

태화기독교복지관(2003). **사회복지실습지도**. 경기 : 양서원.

창동종합사회복지관(2020). 실습교육자료. 창동종합사회복지관.

최경일・조성심(2014). 생태체계적 관점에 기반한 여중생의 신체상 개선 프로그램 효과성 연구. 청소년 문화포럼, 39.

최세나(2011). 2011년 학교사회복지 기초과정 연수. 한국학교사회복지사협회.

한국사회복지사협회(2005). 사회복지현장실습교육 지침서.

________________(2007). 사회복지현장실습 슈퍼비전.

________________(2010). 사회복지현장실습 안내서.

________________(2019). 사회복지교과목지침서.

________________(2019). 사회복지현장실습 안내서.

한국학교사회복지사협회(2005). 학교사회복지.하계워크숍 자료집.

희망복지지원단 중앙지원센터(2014). 희망복지지원단 통합사례관리 실천 가이드. 희망복지지원단.

홍순혜・조성심・안정선・방진희・엄경남(2014). 사회복지 슈퍼비전의 이해와 활용. 경기 : 공동체.

홍순혜・한인영(2010). 사회복지기록. 서울 : 시그마프레스.

Social Welfare

참고자료

〈참고자료 1〉 이런 슈퍼바이저 좋아좋아 & 싫어싫어

좋아좋아	싫어싫어
• 충분히 소통하는 슈퍼바이저 • 강점을 발견해 주는 슈퍼바이저 • 자신이 사회복지사로서 긍지와 자부심을 가지고 일하는 슈퍼바이저 • 사회복지사의 정체성을 갖게 해주는 슈퍼바이저 • 솔선수범하는 슈퍼바이저 • 후배동료로 존중하고 키워주는 슈퍼바이저 • 정보를 공유해주고 유용한 자료를 많이 제공해주는 슈퍼바이저 • 일지와 보고서, 과업을 꼼꼼히 읽고 상세하게 조언해 주는 슈퍼바이저	• 지시적이고 권위적인 슈퍼바이저 • 잔심부름만 시키고 중요한 업무를 할당해 주지 않은 슈퍼바이저 • 직접 모범사례를 보여주지 않은 슈퍼바이저 • 환경미화, 청소만 시키는 슈퍼바이저 • 슈퍼바이지 경계하고 자기를 감추며 정보를 공개하지 않는 슈퍼바이저 • 배울 게 없는 슈퍼바이저 • 체계적인 실습계획안이 없거니 계획안이 있이도 무시하고 즉흥적으로 일하는 슈퍼바이저 • 과제만 주고 코멘트는 안 해주는 슈퍼바이저

〈참고자료 2〉 바람직한 슈퍼바이저

바람직한 태도	바람직하지 못한 태도
• 슈퍼바이저의 피드백에 대한 개방 • 배우고 발전하려는 열정과 소망 • 일반적인 융통성과 개방성 • 비방어적 태도 • 슈퍼비전을 준비하는 자세와 책임 • 슈퍼비전에 대한 솔선성 • 위험을 감수하려는 마음	• 슈퍼비전에 대한 비개방적 태도 • 자신이 모든 걸 알고 있다는 교만함 • 개인적 경직 • 방어하는 태도 • 슈퍼비전에 대한 준비부족 • 슈퍼비전에 대한 동기부족과 관심결여 • 평가에 대한 두려움

Social Welfare

부 록

APPENDIX Social Welfare

1 사회복지사 윤리강령

▶ 전문

사회복지사는 인본주의·평등주의 사상에 기초하여, 모든 인간의 존엄성과 가치를 존중하고 천부의 자유권과 생존권의 보장활동에 헌신한다. 특히 사회적·경제적 약자들의 편에 서서 사회정의와 평등·자유와 민주주의 가치를 실현하는 데 앞장선다. 또한 도움을 필요로 하는 사람들의 사회적 지위와 기능을 향상시키기 위해 저들과 함께 일하며, 사회제도 개선과 관련된 제반 활동에 주도적으로 참여한다. 사회복지사는 개인의 주체성과 자기결정권을 보장하는 데 최선을 다하고 어떠한 여건 에서도 개인이 부당하게 희생되는 일이 없도록 한다. 이러한 사명을 실천하기 위하여 전문적 지식과 기술을 개발하고, 사회적 가치를 실현하는 전문가로서의 능력과 품위를 유지하기 위해 노력한다.

이에 우리는 클라이언트·동료·기관 그리고, 지역사회 및 전체 사회와 관련된 사회복지사의 행위와 활동을 판단·평가하며 인도하는 윤리기준을 다음과 같이 선언하고 이를 준수할 것을 다짐한다.

▶ 윤리기준

Ⅰ. 사회복지사의 기본적 윤리기준

1. 전문가로서의 자세

1) 사회복지사는 전문가로서의 품위와 자질을 유지하고, 자신이 맡고 있는 업무에 대해 책임을 진다.

2) 사회복지사는 클라이언트의 종교 · 인종 · 성 · 연령 · 국적 · 결혼상태 · 성 취향 · 경제적 지위 · 정치적 신념 · 정신, 신체적 장애 · 기타 개인적 선호, 특징, 조건, 지위를 이유로 차별 대우를 하지 않는다.
3) 사회복지사는 전문가로서 성실하고 공정하게 업무를 수행하며, 이 과정에서 어떠한 부당한 압력에도 타협하지 않는다.
4) 사회복지사는 사회정의 실현과 클라이언트의 복지 증진에 헌신하며, 이를 위한 환경 조성을 국가와 사회에 요구해야 한다.
5) 사회복지사는 전문적 가치와 판단에 따라 업무를 수행함에 있어, 기관 내외로부터 부당한 간섭이나 압력을 받지 않는다.
6) 사회복지사는 자신의 이익을 위해 사회복지 전문직의 가치와 권위를 훼손해서는 안된다.
7) 사회복지사는 한국사회복지사협회 등 전문가단체 활동에 적극 참여하여, 사회정의 실현과 사회복지사의 권익옹호를 위해 노력해야 한다.

2. 전문성 개발을 위한 노력

1) 사회복지사는 클라이언트에게 최상의 서비스를 제공하기 위해, 지식과 기술을 개발하는 데 최선을 다하며 이를 활용하고 전파할 책임이 있다.
2) 클라이언트를 대상으로 연구하는 사회복지사는 저들의 권리를 보장하기 위해, 자발적이고 고지된 동의를 얻어야 한다.
3) 연구과정에서 얻은 정보는 비밀보장의 원칙에서 다루어져야 하고, 이 과정에서 클라이언트는 신체적, 정신적 불편이나 위험 · 위해 등으로부터 보호되어야 한다.
4) 사회복지사는 전문성을 개발하기 위해 노력하되, 이를 이유로 서비스의 제공을 소홀히 해서는 안 된다.
5) 사회복지사는 한국사회복지사협회등이 실시하는 제반교육에 적극 참여하여야 한다.

3. 경제적 이득에 대한 태도

1) 사회복지사는 클라이언트의 지불능력에 상관없이 서비스를 제공해야 하며, 이를 이유로 차별 대우를 해서는 안 된다.
2) 사회복지사는 필요한 경우에 제공된 서비스에 대해, 공정하고 합리적으로 이용료를 책정해야 한다.
3) 사회복지사는 업무와 관련하여 정당하지 않은 방법으로 경제적 이득을 취하여서는 안된다.

Ⅱ. 사회복지사의 클라이언트에 대한 윤리기준

1. 클라이언트와의 관계

1) 사회복지사는 클라이언트의 권익옹호를 최우선의 가치로 삼고 행동한다.
2) 사회복지사는 클라이언트에 대하여 인간으로서의 존엄성을 존중해야 하며, 전문적 기술과 능력을 최대한 발휘한다.
3) 사회복지사는 클라이언트가 자기결정권을 최대한 행사할 수 있도록 도와야 하며, 저들의 이익을 최대한 대변해야 한다.
4) 사회복지사는 클라이언트의 사생활을 존중하고 보호하며, 직무수행 과정에서 얻은 정보에 대해 철저하게 비밀을 유지해야 한다.
5) 사회복지사는 클라이언트가 받는 서비스의 범위와 내용에 대해, 정확하고 충분한 정보를 제공함으로써 알 권리를 인정하고 존중해야 한다.
6) 사회복지사는 문서·사진·컴퓨터 파일 등의 형태로 된 클라이언트의 정보에 대해 비밀보장의 한계·정보를 얻어야 하는 목적 및 활용에 대해 구체적으로 알려야 하며, 정보 공개 시에는 동의를 얻어야 한다.
7) 사회복지사는 개인적 이익을 위해 클라이언트와의 전문적 관계를 이용하여서는 안 된다.
8) 사회복지사는 어떠한 상황에서도 클라이언트와 부적절한 성적 관계를 가져서는 안 된다.

9) 사회복지사는 사회복지 증진을 위한 환경조성에 클라이언트를 동반자로 인정하고 함께 일해야 한다.

2. 동료의 클라이언트와의 관계

1) 사회복지사는 적법하고도 적절한 논의 없이 동료 혹은 다른 기관의 클라이언트와 전문적 관계를 맺어서는 안 된다.
2) 사회복지사는 긴급한 사정으로 인해 동료의 클라이언트를 맡게 된 경우, 자신의 의뢰인처럼 관심을 갖고 서비스를 제공한다.

Ⅲ. 사회복지사의 동료에 대한 윤리기준

1. 동 료

1) 사회복지사는 존중과 신뢰로서 동료를 대하며, 전문가로서의 지위와 인격을 훼손하는 언행을 하지 않는다.
2) 사회복지사는 사회복지 전문직의 이익과 권익을 증진시키기 위해 동료와 협력해야 한다.
3) 사회복지사는 동료의 윤리적이고 전문적인 행위를 촉진시켜야 하며, 이에 반하는 경우에는 제반 법률규정이나 윤리기준에 따라 대처해야 한다.
4) 사회복지사가 전문적인 판단과 실천이 미흡하여 문제를 야기시켰을 때에는, 적절한 조치를 취하여 클라이언트의 이익을 보호해야 한다.
5) 사회복지사는 전문직 내 다른 구성원이 행한 비윤리적 행위에 대해, 제반 법률규정이나 윤리 기준에 따라 조치를 취해야 한다.
6) 사회복지사는 동료 및 타 전문직 동료의 직무 가치와 내용을 인정·이해하며, 상호 간에 민주적인 직무관계를 이루도록 노력해야 한다.

2. 슈퍼바이저

1) 슈퍼바이저는 개인적인 이익의 추구를 위해 자신의 지위를 이용해서는 안 된다.
2) 슈퍼바이저는 전문적 기준에 의해 공정하게 책임을 수행하며, 사회복지사・실습생에 대한 평가는 저들과 공유해야 한다.
3) 사회복지사는 슈퍼바이저의 전문적 지도와 조언을 존중해야 하며, 슈퍼바이저는 사회복지사의 전문적 업무수행을 도와야 한다.
4) 슈퍼바이저는 사회복지사 실습생에 대해 인격적・성적으로 수치심을 주는 행위를 해서는 안 된다.

Ⅳ. 사회복지사의 사회에 대한 윤리기준

1) 사회복지사는 인권존중과 인간평등을 위해 헌신해야 하며, 사회적 약자를 옹호하고 대변하는 일을 주도해야 한다.
2) 사회복지사는 필요한 사회서비스를 개발하기 위한 사회정책의 수립・발전・입법・집행에 적극적으로 참여하고 지원해야 한다.
3) 사회복지사는 사회환경을 개선하고 사회정의를 증진시키기 위한 사회정책의 수립・발전입법・집행을 요구하고 옹호해야 한다.
4) 사회복지사는 자신이 일하는 지역사회의 문제를 이해하고, 그것을 해결하는 일에 적극적으로 참여해야 한다.

Ⅴ. 사회복지사의 기관에 대한 윤리기준

1) 사회복지사는 기관의 정책과 사업 목표의 달성・서비스의 효율성과 효과성의 증진을 위해 노력함으로써, 클라이언트에게 이익이 되도록 해야 한다.
2) 사회복지사는 기관의 부당한 정책이나 요구에 대하여, 전문직의 가치와 지식을 근거로 이에 대응하고 즉시 사회복지윤리위원회에 보고해야 한다.
3) 사회복지사는 소속기관 활동에 적극 참여함으로써, 기관의 성장발전을 위해 노력해야 한다.

Ⅵ. 사회복지윤리위원회의 구성과 운영

1) 한국사회복지사협회는 사회복지윤리위원회를 구성하여, 사회복지윤리실천의 질적인 향상을 도모하여야 한다.
2) 사회복지윤리위원회는 윤리강령을 위배하거나 침해하는 행위를 접수받아, 공식적인 절차를 통해 대처하여야 한다.
3) 사회복지사는 한국사회복사협회의 윤리적 권고와 결정을 존중하여야 한다.

2 사회복지현장실습 적용 기준 (보건복지부, 2020)

사회복지사업법 시행규칙 일부 개정에 따른 변경법의 적용대상

□ 사회복지현장실습 적용기준

구분	실습시간	실습기관	실습세미나
2019년 12월 31일 까지 사회복지현장실습을 이수하거나 수강하고 있는 경우	120시간	종전기준에 따른 실습기관	-
2019년 12월 31일 까지 일부 교과목을 이수하였거나 수강하고 있고, 사회복지현장실습 교과목을 2020년 1월 1일 이후 수강하는 경우	120시간	보건복지부장관 선정기관	-
2020년 1월 1일 이후 모든 교과목을 수강하는 경우	160시간	보건복지부장관 선정기관	30시간

➤ '수강하고 있는'은 교육기관의 해당교과목 수업기간을 기준으로 적용됨

적용예시1) 사회복지현장실습 교과목의 수강 시작일이 2020년 1월 1일 이후인 경우 2020년 1월 1일 이후 보건복지부장관이 선정하는 기관에서 실습하여야 함(2019년도 사전실습 불인정)

적용예시2) 사회복지현장실습 교과목의 수강 시작일이 2019년 12월 31일 이전인 경우 종전 기준에 의한 실습기관에서 기관실습 가능 (교과목 개설기간이 2019년 12월 10일 ~ 2020년 2월 10일 경우 변경 전 법령에 따라 기관실습 가능)

사회복지사업법 시행규칙 일부 개정에 따른 사회복지현장실습(기관실습)

□ 기관실습의 운영

➤ **실습인원** : 기관실습 지도자 1명이 동시에 지도할 수 있는 <u>학생 수는 5명 이내</u>

➤ **실습시간** : <u>실습지도자의 근로시간 내에 실시</u>, <u>1일 최소 4시간 이상 최대 8시간 이하</u>

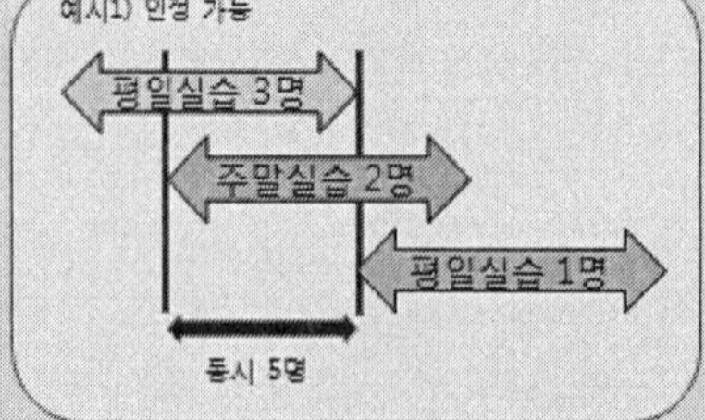

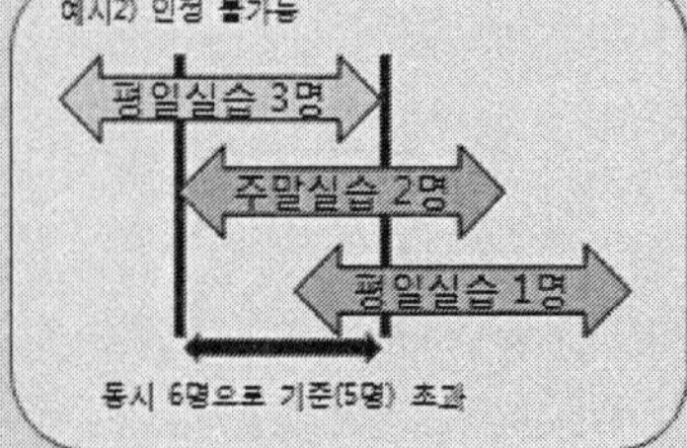

<u>※ 평일실습, 주말실습, 주간실습, 야간실습 등 구분없이 모두 동일한 사회복지현장실습 1건으로 보며, 같은 기간 내에 5명 초과하여 지도할 수 없음</u>

APPENDIX Social Welfare

3 사회복지현장실습 관련 서식

1 사회복지현장실습 관련 서식 - 대학(원)용

사회복지현장실습 관련 서식 교육기관용 (대학, 대학원)

[대학(원) 1] 실습의뢰서

○○○대학교(원) ○○대학 사회복지학과장

수신자
(참 조)
발 신
제 목 **사회복지현장실습 의뢰**

---

1. 항상 사회복지현장실습 교육을 위해 애써주시는 귀 기관에 감사드립니다.

2. 사회복지현장실습을 수강하는 본교 사회복지학과 학생의 실습교육을 의뢰하오니 아래를 참조하시어 협조하여 주시기 바랍니다.

— 아 래 —

가. 학생명 : (학생연락처 :)
나. 실습기간 :
다. 실습지도교수 :
라. 실습담당조교 :
(연락처 : 사회복지학과 ☎)

별첨1 : 실습신청서 1부. 끝.

○○○대학교(원) ○○대학 사회복지학과장(직인)

시행 처리과 – 일련번호(시행일자) 접수 처리과명 – 일련번호(접수일자)
우 주소 /홈페이지 주소
전화( ) 전송( ) /기안자의 공식 전자우편주소 / 공개구분
※ 교육기관의 상황에 따라 변경하여 사용할 수 있음.

[대학(원) 2] 실습생 결정통보서

실습생 결정통보서

수 신 :   발 신 일 :

참 조 :

발 신 :

제 목 : 실습생 결정통보

---

1. 귀 대학의 실습교육 의뢰에 대하여 다음과 같이 결정되었음을 알려드립니다.

- 학생명 : ____________________
- 결정내용 : 1) 실습의뢰 수락(   )
- 배치부서(예정) :

- 결정내용 : 2) 실습의뢰 거절(   )
- 사유 : (예 관련 과목 이수하지 않았음, 해당 분야 경험부족 등)

_____기 관 장 : __________________인

[대학(원) 3] 실습기관 기초조사서

실습기관 기초조사서

<table>
<tr><td>기관명</td><td colspan="4"></td></tr>
<tr><td>주 소</td><td colspan="4"></td></tr>
<tr><td>전화번호</td><td colspan="2"></td><td>Home Page
E-mail</td><td></td></tr>
<tr><td>업무시간</td><td colspan="2"></td><td>Fax.</td><td></td></tr>
<tr><td>운영법인</td><td colspan="2"></td><td>설립연도</td><td></td></tr>
<tr><td>설립자</td><td colspan="2"></td><td>책임자</td><td></td></tr>
<tr><td>이사회구성</td><td colspan="2"></td><td>직원수</td><td></td></tr>
<tr><td>시설규모</td><td>대지/건평</td><td>평/ 평</td><td>사회복지사수</td><td></td></tr>
<tr><td>설립목적</td><td colspan="4"></td></tr>
<tr><td>기관의
조직도</td><td colspan="4"></td></tr>
</table>

[대학(원) 4] 사회사회복지현장실습생의 자세

사회복지현장실습생의 자세

우리는 사회복지 실습생으로서 사회복지사 윤리강령과 다음 사항을 준수한다.

1. 실습의 목적과 중요성을 충분히 이해하고 실습계약 사항을 이행하기 위하여 최신의 자세로 실습에 임한다.
2. 실습은 대학에서 학습된 이론을 구체적으로 적용하는 과정임을 인식하여 이에 최선을 다한다.
3. 실습교육기관의 구성원이라는 생각으로 타 구성원과 협력하며 친화적인 태도를 취한다.
4. 기관의 정책을 이해하고 수용하며 실습과정에서 준수하도록 한다.
5. 근무시간은 기관의 규정에 준하며 직원과 동일한 자세로 근무시간에 임하도록 한다.
6. 실습시작 최소 10분 전에 출근하여 출근을 확인하며, 업무에 관계된 사항을 사전에 준비하도록 한다.
7. 결근, 조퇴, 지각 등 근태와 관련된 사항은 반드시 실습지도자에게 사전에 보고하여 허락을 받도록 한다.
8. 실습지도자의 지시뿐 아니라 타직원의 지도를 잘 이행하므로 실습효과를 최대화 하도록 한다.
9. 직무에 강한 책임감과 열의를 갖고 적극적으로 임하며 타인에게 책임을 전가하거나 태만하게 행동하지 않는다.
10. 실습으로 인하여 알게 된 클라이언트의 사적인 정보를 교육적 목적(대학실습지도 등) 이외에는 절대 발설하지 않으며, 교육적 목적이라 하더라도 가명을 사용하여 개인의 비밀이 침해되지 않도록 한다. 실습종료 후, 실습 관련 내용을 학회지 등에 게재하고자 할 때는 반드시 실습지도자와 상의하여 허락을 받아야 한다.
11. 실습지도자의 지도 혹은 타실습생의 실습을 견학, 관찰할 경우 배우는 자세로 진지한 태도를 취한다.
12. 기관의 직원, 클라이언트 등에 대해 예의를 지킨다.
13. 복장, 소지품은 실습 기관의 특성과 상황에 맞게 취하되 가능한 한 화려한 것을 피하고 검소하며 단정한 것으로 착용하도록 한다.

14. 안전사고에 만반을 기하도록 하며 안전사고와 관련된 기관의 규정을 사전에 숙지하여 그에 준해 처리하도록 한다.
15. 실습일지를 비롯한 각종 실습기록은 사실에 근거하여 정확하고 구체적으로 정리하여 실습 시 실습지도자와 실습지도교수의 강평을 받는다.
16. 과제에 관하여 연구하고 결과물에 대해 실습지도자의 강평을 받는다.
17. 실습과정 중 어떤 경우라도 사례금 등의 금품을 절대 주거나 받지 않는다.
18. 과제물은 정해진 기일에 제출하고 출근 전에 작성을 마친다.
19. 기관의 명칭을 사적으로 활용하지 않으며 실습생의 신분을 지킨다.
20. 기관을 대표한다는 자세로 실습교육기관의 직원들과 동일한 업무 태도와 자세를 취한다.

2 사회복지현장실습 관련 서식 - 실습기관용

사회복지현장실습 관련 서식
실습기관용

반		학 번	
성 명			
실습기관	기 관 명		
	전화번호		

**** 복지관**

사회복지현장실습 1차 회신(기관 → 학교)

[실습기관 1] 실습신청의뢰서

실 습 기 관 명

수신자
(참 조)
제 목 **사회복지현장실습 신청의뢰서**

---

1. 사회복지교육 및 연구활동을 통해 사회복지발전에 전력을 다하시는 귀하와 귀교의 무궁한 발전을 기원합니다.

2. 아래와 같이 사회복지현장실습 교육이 가능하오니 관심 있는 학생들이 참여할 수 있도록 협조를 부탁드립니다.

– 아 래 –

1. 실습부서/ 분야 :
2. 실습지도자 :
3. 대학별 배정가능 실습생수 :
4. 실습담당직원 : (연락처 : ☎)
5. 실습비 :

별첨1 : 실습지도계획서
별첨2 : 실습지도자 프로파일

실습기관장(직인)

시행 처리과 – 일련번호(시행일자) 접수 처리과명 – 일련번호(접수일자)
우 주소 /홈페이지 주소
전화( ) 전송( ) /기안자의 공식 전자우편주소 / 공개구분

사회복지현장실습 2차 회신(기관 → 학교)

[실습기관 2] 실습지도계획서

실습지도계획서

○ 실습지도자 :

1. 실습목적 :

2. 실습목표 :

3. 실습분야 :

4. 실습기간 :

5. 실습대상 :

6. 교육계획

단위시간	내 용	담당	비 고

7. 실습지도방법
   - 개별실습지도 계획 :
   - 집단실습지도 계획 :
   - 기타 계획 :

8. 실습일정

주	월/ 일	시 간	실습내용	담당	과제물

9. 실습생의 책임과 과제

10. 참고도서

[실습기관 3] 실습지도자 프로파일

실습지도자 프로파일

1. 인적사항

성 명		성 별	
기관명/ 부서		직 책	
담당 업무		전 화	
이 메 일		팩 스	
최종학력		최종학력의 전공	
사회복지사 자격번호		사회복지 총 실무경험기간	년 개월

2. 실습지도 및 실습 분야 관련 주요 교육배경

교육명	주관단체	기 간	수료/ 자격 여부

3. 사회복지 분야 근무경력

기관명	기 간	직 책	담당업무

4. 본인의 전공 분야(현재 자신의 관심 분야, 실천모델, 실천기술과 기법)

5. 실습지도자로서의 자신의 특성(강·약점)

6. 실습생에게 바라는 점

[실습기관 4] 실습의뢰에 대한 회신

실습의뢰에 대한 회신

귀 대학의 실습생의 실습의뢰를 수락합니다.

<table>
<tr><td>실습생명</td><td></td><td>소속대학</td><td></td></tr>
<tr><td>기관명</td><td colspan="3"></td></tr>
<tr><td>기관주소</td><td></td><td>전화번호</td><td></td></tr>
<tr><td rowspan="2">실습지도자</td><td rowspan="2">직위 :
부서 :
성명 :</td><td>연락처</td><td>전화 :
팩스 :</td></tr>
<tr><td>E-mail</td><td></td></tr>
<tr><td>실습기간</td><td colspan="3">년 월 일 ~ 년 월 일
(오리엔테이션 일정 : 년 월 일 시)</td></tr>
<tr><td>필요서류</td><td colspan="3">다음 서류를 실습개시일 ( )일 전까지 우송바랍니다.
- 실습생 프로파일 1부
- 실습비 (원) (실습개시일 납부요망)
- 기타 필요한 서류
( )</td></tr>
<tr><td>실습을 위한
기타
준비사항</td><td colspan="3">- 참고문헌

- 사전 과제물</td></tr>
<tr><td>대학에 대한
의견</td><td colspan="3"></td></tr>
</table>

실습지도자 (인)

기 관 장 (인)

[실습기관 5] 실습생 출근부

실습생 출근부

ㅁ 성명 : ㅁ 연락처 : ㅁ 긴급연락처 : ㅁ 전자우편 :

월/일	출근시간	퇴근시간	실습생확인	실습 지도자확인	지각, 조퇴, 결근여부	사 유
/	:	:				
/	:	:				
/	:	:				
/	:	:				
/	:	:				
/	:	:				
/	:	:				
/	:	:				
/	:	:				
/	:	:				
/	:	:				
/	:	:				
/	:	:				
/	:	:				
/	:	:				
/	:	:				
/	:	:				
/	:	:				

* 기입요령 : 출근시간, 퇴근시간 표시, 퇴근 시 실습생 및 실습지도자가 확인하며, 지각, 조퇴, 결근 시 그 사유를 함께 기록함

[실습기관 6] 실습지도 기록서

실습지도 기록서

○ 실습지도자 :

○ 실 습 생 :

일 시	실습지도 내용	비 고

[실습기관 7] 실습평가서(교육기관 발송용)

실습평가서 (교육기관 발송용)

기관명		실습지도자	
실습부서		실습지도교수	
실습기간			
실습생		평가일시	

*** 출석상황**

□ 무단결석 없음　□ 무단결석 1회　□ 무단결석 2회　□ 무단결석 3회 이상

* 다음은 실습생에 관한 평가입니다. 실습생이 실습지도 기간 동안 보여주었던 태도와 행동을 기준으로 아래 항목에 솔직하게 평가해주기 바랍니다.

실습내용에 포함되어 있는 사항에 관해서만 평가하여 주시고, 평균에는 평가항목 총점을 평가항목 개수로 나눈 점수를 기입하면 됩니다.

(1점 : 매우 그렇지 못하다 ~ 5점 : 매우 그렇다)

항목	내 용	1	2	3	4	5
실습 지도에 대한 태도	1. 실습지도 시간을 엄수한다.					
	2. 적극적이고 긍정적인 자세로 실습지도에 참여한다.					
	3. 실습지도에서 지적된 내용을 수용한다.					
	4. 배우는 입장에서 진지하게 노력하고 발전하려는 태도를 갖는다.					
	5. 실습지도자와 실습생으로서 공식적 관계를 형성한다.					
기관 이해 및 관계 유지	6. 동료실습생과 긍정적이고 원만한 협력 관계를 유지한다.					
	7. 기관의 목적, 정책, 규칙, 사업내용을 이해한다.					
	8. 기관 내에서 실습생으로서의 권한과 한계를 알고 일한다.					
	9. 기관 내 타직원과 협조적인 대인관계를 형성, 유지하여 업무를 처리한다.					
기본적 태도와 자질	10. 일의 우선순위를 결정하는 능력이 있다.					
	11. 할당된 시간 안에 일을 계획하고 수행한다.					
	12. 자신의 장점과 단점을 잘 인식하고 대응한다.					
	13. 사회복지실천 지식을 실습내용에 적용한다.					
	14. 사회복지실천의 가치와 윤리를 갖고 임한다.					
	15. 전문가로서의 편견, 선입견, 고정관념을 인식하고 객관성을 유지한다.					
	16. 실습지도 내용을 실행에 옮긴다.					
	17. 실습과정을 책임감 있게 수행한다.					

항목	내 용	1	2	3	4	5
기 록	18. 기록, 보고서 등을 정해진 일시에 제출한다.					
	19. 실습내용을 사실에 근거하여 정확하게 기록한다.					
	20. 실습내용을 체계적이고 구체적으로 기록한다.					
	21. 클라이언트와의 상호작용 및 실습생의 사고와 감정을 기록한다.					
	22. 실습지도를 통해 지적된 사항 및 배운 것을 정확히 기록한다.					
전문적 태도와 관계 형성	23. 클라이언트와 전문적 관계를 형성하고 활용한다.					
	24. 전문적 관계형성에서 동정과 감정이입을 구별하여 적용한다.					
	25. 주변의 자원을 파악하고 그것을 활용하려고 노력한다.					
	26. 비심판적이며 경청과 수용의 태도를 갖는다.					
	27. 클라이언트의 능력과 동기의 한계를 수용한다.					
	28. 실습지도자가 지시한 것을 잘 파악하여 실행에 옮긴다.					
개인에 대한 개입	29. 클라이언트가 표현한 의사소통과 암시적인 의사소통을 이해한다.					
	30. 실습생이 의도한 바를 클라이언트에게 명확하게 전달한다.					
	31. 클라이언트의 문제와 상황에 관련된 정확한 자료를 수집한다.					
	32. 수집된 자료를 체계적으로 종합하고 이론에 기초하여 사정한다.					
	33. 클라이언트 가족 등 주변의 지지자원을 활용한다.					
	34. 클라이언트와 환경의 상호역동성의 이해아래 개입목표와 전략을 수립한다.					
	35. 개입목표에 따라 클라이언트의 긍정적인 변화를 유도한다.					
가족에 대한 개입	36. 가족의 역동성을 파악하고 가족상황에 관련된 정확한 자료를 수집한다.					
	37. 가족의 구조를 명확히 이해하여 필요한 가족개입의 기술을 활용한다.					
	38. 가족의 상호역동성의 이해 아래 개입목표와 전략을 수립한다.					
	39. 가족 구성원을 개별화하고 성원들이 긍정적으로 변화하도록 유도한다.					
집단에 대한 개입	40. 집단 역동을 파악하여 의미있는 개입으로 집단을 지도한다.					
	41. 집단에서 주 진행자와 보조진행자의 의미와 역할을 알고 실천한다.					
	42. 집단의 구조를 명확히 하고 필요한 집단지도의 기술을 활용한다.					
	43. 집단 성원을 개별화하고 성원 간 의미 있는 관계를 형성하도록 한다.					
	44. 집단의 목적에 대해 정확히 사정한다.					
	45. 정확한 사정에 입각하여 적절한 프로그램을 계획하고 실행한다.					
	46. 집단의 상호작용이 목적 지향적이고 성원들이 긍정적으로 변화하도록 한다.					

지역사회에 대한 개입	47. 지역주민들이 지역사회의 요구와 문제를 파악하도록 돕는다.					
	48. 파악된 지역사회요구를 사회행동으로 계획하고 실행한다.					
	49. 지역사회구조와 권력에 대해 이해하고 그 지역사회 상황을 정확히 파악한다.					
	50. 지역사회자원을 정확히 파악하고 접근한다.					
정책 및 행정 분야	51. 정책형성 및 개선과 관련된 이해집단들의 문제 상황 및 요구와 정책발의자들 및 집행자들의 이해관계를 정확하고 객관적으로 이해한다.					
	52. 정책형성 및 개선과 관련된 이해집단과 건설적이고 전문적인 관계를 맺는다.					
	53. 문제 상황에 적합한 정책대안을 개발하는 데 적극적으로 참여한다.					
	54. 기본 정보를 정확히 사용하며 실증적인 자료 분석의 지식을 갖고 문제를 분석한다.					
	55. 사회복지행정체계 및 전달체계에 대해 정확하게 이해한다.					
기관 고유 항목*	56.					
	57.					
	58.					
	59.					
	60.					

* 기관 고유 항목에는 기관의 특성과 실습상황에 맞는 평가항목을 실습지도자가 추가적으로 직접 기입하고 평가할 수 있습니다.

<table>
<tr><td>총 평</td><td colspan="5">(※ 실습생의 실천가로서의 장단점 및 대학에 대한 건의)</td></tr>
<tr><td>평가문항 개수</td><td colspan="2"></td><td>총 점</td><td colspan="2"></td></tr>
<tr><td>평균
(총점 ÷
평가문항개수)</td><td colspan="5">(※ 기록 후 테이프 부착 후 실습지도자 서명 요망)</td></tr>
<tr><td rowspan="4">평점부여</td><td colspan="5">※ 여기에 부여하는 평점은 실습생이 받게 되는 성적표상의 최종 평점은 아닙니다. 교육기관 실습지도 점수과 함께 사회복지현장실습 평점 부여 시 주요 고려사항이 됩니다.</td></tr>
<tr><td>□A+</td><td>□B+</td><td>□C+</td><td>□D+</td><td rowspan="3">□F</td></tr>
<tr><td>□A0</td><td>□B0</td><td>□C0</td><td>□D0</td></tr>
<tr><td>□A−</td><td>□B−</td><td>□C−</td><td>□D−</td></tr>
</table>

실습지도자 : ________ 인

기 관 장 : ________ 인

[실습기관 8] 사회복지현장실습 교육 수료증

사회복지현장실습 교육 수료증

수료번호 : ○○○○(연도)－○○(번호)

○○대학(원) 성명 : ○○○ (학번)

상기 학생은 아래의 과정을 수료하였으므로 사회복지현장실습 교육 수료증을 발급합니다.

－ 아 래 －

1. 실 습 지 도 자 :
2. 실습교육기관 :
3. 실 습 기 간 :
4. 실 습 분 야 :

년 월 일

○○기관장 (직인)

[실습기관 9] 현장실습비 납입 영수증

영 수 증

일금 : ____________________원정

(____________________)

내역 : 사회복지 현장실습비

상기 금액을 정히 영수합니다.

20 년 월 일

영수인 : (인)

영수기관

사회복지실습기관 :

주소 :

[실습기관 10] 기관실습 실시기관 선정 및 선청 취소 등 사회복지현장실습 운영에 관한 고시

보건복지부 고시 제2019 - 249호
사회복지사업법 시행규칙 제3조 [별표1] 제2호라목에 따라 "기관실습 실시기관 선정 및 선정취소 등 사회복지현장실습 운영에 관한 고시"를 다음과 같이 제정·고시합니다.

2019년 11월 14일
보건복지부장관

기관실습 실시기관 선정 및 선정취소 등 사회복지현장실습 운영에 관한 고시

제1조(목적) 이 규정은 사회복지사업법 시행규칙(이하 "규칙"이라 한다) 제3조 [별표1] 제2호 라목에 따라 사회복지현장실습 중 기관실습 실시기관의 선정·선정취소, 사회복지현장실습의 내용 및 방법 등에 관하여 필요한 사항을 정함을 목적으로 한다.

제2조(선정계획의 공고) 법 제46조에 따른 한국사회복지사협회(이하 "협회"라 한다)의 장은 기관실습 실시기관(이하 "실시기관"이라 한다)의 선정을 위한 기준 및 선정취소 사유, 제출서류, 신청기한, 접수방법 등에 관한 사항을 장관의 승인을 받아 연 1회 이상 공고하여야 한다.

제3조(신청서 및 관계서류 제출) 실시기관으로 선정받고자 하는 기관은 별지 제1호 서식의 기관실습 실시기관 선정 신청서와 다음 각 호의 구분에 따른 서류를 첨부하여 협회의 장에게 제출하여야 한다.

1. 공통서류 : 별지 제2호 서식의 실습지도자 사회복지사업 실무경험 확인서, 전년도 보수교육 이수확인서, 사업자등록증 또는 고유번호증
2. 사회복지사업 수행 사실을 확인할 수 있는 다음 각 목의 서류
   가. 사회복지법인 : 사회복지법인 설립허가증
   나. 사회복지시설 : 사회복지시설 신고증

다. 기타 비영리법인 또는 비영리민간단체 등 : 별지 제3호 서식의 사회복지사업 수행 사실 확인서, 비영리법인 설립허가증 또는 비영리민간단체등록증 등 설립 근거 서류, 정관

제4조(서류검토) ① 협회의 장은 제3조에 따른 제출서류를 접수한 후 보완이 필요하다고 인정될 때에는 기간을 정하여 그 보완을 요구할 수 있다.

② 협회의 장은 실시기관의 선정을 신청한 자가 제1항에 따른 보완을 요구받고도 정당한 사유 없이 이에 따르지 아니하는 경우에는 그 신청서를 반려할 수 있다.

③ 협회의 장은 제3조에 따라 접수받은 신청서와 같은 조 각 호의 구분에 따른 첨부서류를 검토한 후 그 자료를 보건복지부장관(이하 "장관"이라 한다)에게 제출하여야 한다.

제5조(심사 및 선정 공고) ① 장관은 제3조에 따른 제출서류와 제4조 제3항에 따른 검토자료를 심사한 후 시행규칙 제3조 [별표1] 제2호가목2)의 선정기준에 적합하다고 인정되면 기관실습 실시기관으로 선정하고 그 결과를 별지 제4호 서식의 사회복지현장실습 기관 선정 현황에 따라 홈페이지에 공고하여야 한다.

② 협회의 장은 제1항의 공고내용과 실시기관별 사회복지현장실습 운영계획서를 홈페이지에 게시하여야 한다.

③ 협회의 장은 실시기관의 신청이 있는 경우 별지 제5호 서식에 따라 사회복지현장실습기관 선정 확인서를 발급할 수 있다.

제6조(재선정) 제5조에 따른 실시기관 선정의 유효기간은 선정일로부터 3년으로 하며, 3년이 경과한 후에도 실시기관으로 선정을 받고자 할 경우에는 유효기간이 종료되기 전에 신규 선정절차에 준하여 신청하여야 한다.

제7조(변경통보) 실시기관의 장은 제3조에 따라 당초 제출한 신청서의 내용이나 제5조에 따라 홈페이지에 공고된 내용이 변경되었을 경우 관련 증빙자료를 첨부하여 협회의 장에게 변경사실을 통보하여야 한다.

제8조(실시기관의 선정 취소) 장관은 제5조 제1항에 따라 선정된 실시기관이 다음 각 호의 어느 하나에 해당하면 그 선정을 취소할 수 있다. 다만, 제1호에 해당하면 그 지정을 취소하여야 한다.

1. 거짓이나 그 밖의 부정한 방법으로 선정을 받은 경우
2. 규칙 제3조 [별표1] 제2호가목2)의 선정요건을 갖추지 못하게 된 경우
3. 기관실습교육의 수행능력이 현저히 부족하다고 인정되는 경우

제9조(사회복지현장실습 운영) ① 교육기관은 사회복지현장실습 교과목 운영을 위한 행정총괄 및 실시기관과의 연락을 지원하고, 실습세미나 교수는 기관실습 지도자와 협력하여 사회복지현장실습기관 선정 현황과 실시기관별 사회복지현장실습 운영계획서에 따라 실습이 운영되도록 교과목을 총괄 운영하고 최종 평가한다.

② 사회복지현장실습에는 다음 각 호의 내용을 포함한다.

1. 기관, 지역사회, 클라이언트에 대한 이해
2. 기관과 관련된 정책 및 제도(지침), 자원 네트워킹에 대한 이해
3. 기관의 사회복지실천(또는 정책 및 행정 분야)에 대한 직·간접적인 경험
4. 기관의 행정 및 기록에 관한 교육
5. 사회복지사로서의 윤리적 실천 및 가치, 안전지침에 대한 교육
6. 실습내용에 대한 피드백 및 정기적인 슈퍼비전 제공, 실습 중간평가 진행 및 평가내용의 반영, 종결평가 진행 및 실습평가서 작성

③ 기관실습은 실습지도자의 근로시간 내에 실시하며, 하루에 이수가능한 시간은 최소 4시간 이상 최대 8시간 이하로 한다.

④ 규칙 제3조 [별표1] 제2호나목1)의 후단에 따른 대면방식의 세미나는 주 1회를 초과하여 실시할 수 없다.

제10조(재검토기한) 「훈령·예규 등의 발령 및 관리에 관한 규정」(대통령훈령 제248호)에 따라 이 규정 발령 후의 법령이나 현실 여건의 변화 등을 검토하여 이 고시의 폐지·개정 등의 조치를 하여야 하는 기한은 2022년 12월 31일까지로 한다.

부칙

이 고시는 발령한 날부터 시행한다.

■ 기관실습 실시기관 선정 및 선정취소 등 사회복지현장실습 운영에 관한 고시 [별지 제1호서식]

기관실습 실시기관 선정 신청서

(1쪽)

<table>
<tr><td rowspan="6">신청
기관
개요</td><td>기관명</td><td></td><td>설립일</td><td>년 월 일</td></tr>
<tr><td>대표자</td><td></td><td>사업자등록번호
(고유등록번호)</td><td></td></tr>
<tr><td>설립근거</td><td colspan="3">[ ] 사회복지법인
[ ] 사회복지시설(시설유형 : ______________)
[ ] 공공기관 [ ] 비영리민간단체
[ ] 기타(______________________________)</td></tr>
<tr><td>주소</td><td></td><td>전화번호</td><td></td></tr>
<tr><td>FAX</td><td></td><td>E-mail</td><td></td></tr>
<tr><td colspan="4"></td></tr>
<tr><td rowspan="2">실습 정보</td><td>실습교육시간</td><td>________시간</td><td>실습운영방식</td><td>[ ] 주중실습
[ ] 주말실습
[ ] 야간실습</td></tr>
<tr><td>기관실습비</td><td>________만원</td><td>실습지도자 인원</td><td>________명</td></tr>
<tr><td rowspan="2">실습
지도자(1)</td><td>성명</td><td></td><td>생년월일</td><td></td></tr>
<tr><td>자격번호</td><td></td><td>자격취득일</td><td>년 월 일</td></tr>
<tr><td rowspan="2">실습
지도자(2)</td><td>성명</td><td></td><td>생년월일</td><td></td></tr>
<tr><td>자격번호</td><td></td><td>자격취득일</td><td>년 월 일</td></tr>
<tr><td>실습기관
선정이력</td><td>[ ] 신규
[ ] 재선정</td><td colspan="3">- 기존 관리번호 ( )
- 기존 실습기관 선정기간 (년 월 일부터 년 월 일까지)</td></tr>
<tr><td colspan="5">상기와 같이 사회복지현장실습기관 선정을 신청하며, 기재된 내용 및 첨부서류가 사실과 다를 경우 신청의 무효, 선정의 취소 등에 대해 이의가 없음을 확약합니다.

20 년 월 일

대 표 자 : (서명 또는 인)

한국사회복지사협회장 귀하</td></tr>
<tr><td>첨부서류</td><td colspan="4">1. 실습지도자 사회복지사업 실무경험확인서(별지 2호서식) 및 보수교육 이수확인서 각1부
2. 사업자등록증 또는 고유번호증
3. 기관실습 운영계획서 1부
4. 사회복지사업 수행 사실을 확인할 수 있는 서류 1부</td></tr>
</table>

210mm×297mm[백상지(80g/㎡) 또는 중질지(80g/㎡)]

(2쪽)

기관실습 운영계획서

〈기관명 : __________〉

□ 실습 목적

○

□ 실습 목표

○

□ 실습 기관 정보

○ 실습운영방식 : [ ] 주중실습 [ ] 주말실습 [ ] 야간실습

○ 실습지도자 인원 : ______명, ○ 1회 실습인원 : ______명

○ 기관실습비 : ______만원

□ 실습 교육계획

○ 실습교육 시간 : 총 ______시간

구분	실습내용	비고
○○일차		
………		
………		
○○일차		

□ 기타

○

(3쪽)

신청서 작성 체크리스트

구 분	신청기관 자체점검란	심사기관 확인란
가. 앞면 신청서의 기재사항이 충실히 기입되어 있을 것 * 신청기관장의 직인 날인 여부 및 뒷면 기관실습 운영계획서 작성 여부 확인	[ ] 여 [ ] 부	[ ] 충족 [ ] 보완
나. 별지 제2호 서식의 실습지도자 사회복지사업 실무경험 확인서	[ ] 여 [ ] 부	[ ] 충족 [ ] 보완
다. 전년도 보수교육 이수확인서(8시간 이상 보수교육 이수 확인)	[ ] 여 [ ] 부	[ ] 충족 [ ] 보완
라. 사업자등록증 또는 고유번호증	[ ] 여 [ ] 부	[ ] 충족 [ ] 보완
마. 사회복지법인 또는 비영리법인 설립허가증, 사회복지시설 신고증, 비영리민간단체등록증 등 설립근거 서류	[ ] 여 [ ] 부	[ ] 충족 [ ] 보완
바. 정관(사회복지법인 및 사회복지시설은 제외)	[ ] 여 [ ] 부	[ ] 충족 [ ] 보완
사. 별지 제3호 서식의 사회복지사업 수행 사실 확인서(사회복지법인 및 사회복지시설은 제외)	[ ] 여 [ ] 부	[ ] 충족 [ ] 보완

■ 기관실습 실시기관 선정 및 선정취소 등 사회복지현장실습 운영에 관한 고시 [별지 제2호서식]

실습지도자 사회복지사업 실무경험 확인서

<table>
<tr><td rowspan="3">개인정보</td><td>성명</td><td colspan="2"></td><td>생년월일</td><td></td></tr>
<tr><td>전화번호</td><td colspan="2"></td><td>휴대전화번호</td><td></td></tr>
<tr><td>주소</td><td colspan="4"></td></tr>
<tr><td rowspan="3">기관정보</td><td>대표자</td><td colspan="2"></td><td>기관명</td><td></td></tr>
<tr><td>시설종류</td><td colspan="2"></td><td>설치신고법령</td><td></td></tr>
<tr><td>주소</td><td colspan="2"></td><td>연락처</td><td></td></tr>
<tr><td rowspan="4">사회복지 실무경험</td><td>근무부서</td><td>직종</td><td colspan="2">담당업무</td><td>경력기간</td></tr>
<tr><td></td><td></td><td colspan="2"></td><td>~ (년 개월)</td></tr>
<tr><td></td><td></td><td colspan="2"></td><td>~ (년 개월)</td></tr>
<tr><td></td><td></td><td colspan="2"></td><td>~ (년 개월)</td></tr>
</table>

상기와 같이 사회복지 실무경험에 대한 사항을 제출하며, 기재된 내용 및 사실과 다를 경우 실습지도자의 요건 확인을 위한 사회복지사업 실무경험 인정 불가에 대한 이의가 없음을 확약합니다.

20 년 월 일

대 표 자 : (서명 또는 인)

한국사회복지사협회장 귀하

유의사항
1. 근무부서 및 직종, 담당업무를 구체적으로 구분하여 기재하여 주시기 바랍니다.
2. 시간제 근로자의 경우 근로조건을 기재하시기 바랍니다.(예시 : 5시간/일 또는 30시간/주 등)
3. 이직 등으로 인한 2곳 이상의 기관의 경력합산이 필요한 경우 각 기관별 발급 후 제출하시기 바랍니다.
4. 심사 시 추가확인이 필요한 경우 관련 서류를 요청할 수 있습니다.
5. 허위사실 기재로 판명될 경우 관계기관에 의해 처벌받을 수 있습니다.

210mm×297mm[백상지(80g/㎡) 또는 중질지(80g/㎡)]

■ 기관실습 실시기관 선정 및 선정취소 등 사회복지현장실습 운영에 관한 고시 [별지 제3호서식]

사회복지사업 수행 사실 확인서

Ⅰ. **일반현황**

○ 명 칭 :

○ 종 류 : [ ] 사단법인, [ ] 재단법인, [ ] 비영리민간단체, [ ] 공공기관,
[ ] 기타(____________________)

○ 설립허가년월일 : ____________________ (등기일 : ____________________)

○ 설립목적 :

○ 주요사업 : *정관에서 정한 전체 사업*

-

-

※ 정관사업과 현재 운영중인 사업을 구분해서 기재

○ 사회복지사업의 내용 : *정관에서 정한 전체 사업 중 사회복지사업의 세부* 내용

-

-

○ 소재지(전화, FAX, e-mail, 홈페이지):

※ 담당자 연락처 기재

Ⅱ. **사회복지사업 수행내역**

○ 최근 3년간 결산 내역

(단위 : 천 원)

구분	연 도	예산액	집행액	집행잔액	비고
전체 사업					
사회복지 사업					

○ 최근 3년 결산내역에 해당하는 사회복지사업 주요내용 및 실적

- *구체적으로 작성*
-
-
-

○ 향후 사회복지사업 운영 계획

-
-
-
-

○ 최근 3년간 기관실습 운영 현황

실습 운영 기간	위탁 교육기관	실습 인원
~		
~		
~		
~		
~		

상기와 같이 사회복지현장실습기관 선정의 첨부서류로 제출하며, 기재된 내용이 사실과 다를 경우 선정의 무효 또는 취소 등에 대해 이의가 없음을 확약합니다.

20　　년　　월　　일

대 표 자 :　　　　　　　(서명 또는 인)

한국사회복지사협회장　귀하

210mm×297mm[백상지(80g/㎡) 또는 중질지(80g/㎡)]

■ 기관실습 실시기관 선정 및 선정취소 등 사회복지현장실습 운영에 관한 고시 [별지 제4호서식]

사회복지현장실습기관 선정 현황

관리 번호	기관명	대표자	소재지	전화번호	선정 유효 기간	실습 기관 유형	실습비	실습 지도자	비고

210mm×297mm[백상지(80g/㎡) 또는 중질지(80g/㎡)]

■ 기관실습 실시기관 선정 및 선정취소 등 사회복지현장실습 운영에 관한 고시 [별지 제5호서식]

관리번호 제 호

사회복지현장실습기관 선정 확인서

1. 명 칭 :
   * 사업자등록번호 :
2. 대 표 자 :
3. 소 재 지 :
4. 실 습 지 도 자 :
5. 유 효 기 간 :

위 기관은 사회복지사업법 시행규칙 제3조 제2항에 따라 사회복지현장실습의 기관실습 실시기관으로 선정되었음을 확인합니다.

년 월 일

한국사회복지사협회장 직인

210mm×297mm[백상지(150g/㎡)]

3 사회복지현장실습 관련 서식 - 실습생용

사회복지현장실습 관련 서식
실습생용

반		학 번	
성 명			
실습기관	기 관 명		
	전화번호		

****대학교 사회복지학과**

[실습생 1] 사회복지실습 신청서

****년 여름방학 사회복지실습 신청서

Ⅰ. 신청자 인적사항

<table>
<tr><td rowspan="3">사 진</td><td rowspan="3">사진 필히 첨부</td><td>이 름</td><td></td><td>생년월일</td><td></td></tr>
<tr><td>소속(학교)</td><td></td><td>학년(학기)</td><td></td></tr>
<tr><td>학과(전공)</td><td></td><td>부전공
(복수전공)</td><td></td></tr>
<tr><td>연 락 처
(핸드폰)</td><td colspan="5"></td></tr>
<tr><td>주 소</td><td colspan="5"></td></tr>
<tr><td>E- mail</td><td colspan="5"></td></tr>
</table>

Ⅱ. 실습경력 및 자원활동 경험

<table>
<tr><th>연번</th><th>기관명</th><th>활동기간 (주,월 O회 기재)</th><th>시간</th><th>활동분야</th></tr>
<tr><td>(예시) 1</td><td>○○○
종합사회복지관</td><td>20○○년 ○월 ○일~○월 ○일
(주1회, ○○시간, 총 ○○회)</td><td>총 ○○시간</td><td></td></tr>
<tr><td></td><td></td><td></td><td></td><td></td></tr>
<tr><td></td><td></td><td></td><td></td><td></td></tr>
<tr><td></td><td></td><td></td><td></td><td></td></tr>
<tr><td colspan="3">총 활동합계시간</td><td colspan="2"></td></tr>
</table>

Ⅲ. 이수 또는 이수하고 있는 전공과목

교과목명	이수 완료	현재 이수	교과목명	이수 완료	현재 이수	교과목명	이수 완료	현재 이수
인간행동과 사회환경			사회복지실천론			사회복지실천기술론		
지역사회복지론			사회복지정책론			사회복지행정론		
사회복지법제와 실천			사회복지조사론			사회복지학개론		
사회복지윤리와철학			사회복지자료분석론			프로그램개발과평가		
가족복지론			아동복지론			청소년복지론		
노인복지론			여성복지론			장애인복지론		
정신건강론			정신보건사회복지론			의료사회복지론		
학교사회복지론			산업복지론			자원봉사론		
사회문제론			사회복지발달사			사회보장론		
교정복지론			복지국가론			사회복지현장실습		
기타 :			기타 :			기타 :		

[실습생 2] 실습생 프로파일

이 름			
소 속		실습담당교수	
연 락 처			

1. 사회복지를 전공으로 선택한 동기

2. 실습기관 선택 이유

3. 실습에서 이루고자 하는 목표

4. 실습을 마친 후 목표달성 정도를 파악할 수 있는 기준

5. 사회복지를 실천하는 데 있어 자신의 강점과 약점
   1) 사회복지 지식 및 기술의 측면

   2) 개인적인 특성 측면

6. 실습기관 및 실습지도자에게 바라는 점

[실습생 3] 실습생 서약서

실 습 생 서 약 서

본인은 ○○ 기관의 실습생으로서 다음의 사항을 준수할 것을 서약합니다.

1. 사회복지사 윤리강령
2. 클라이언트와 기관에 대한 비밀 유지
3. 실습교육기관 및 실습지도자의 요구사항

년 월 일

실습생 : (인)

○○ 기관 귀중

[실습생 4] 실습 계약서

실습 계약서

실습생명		소속 대학	
기관명		주소/ 전화번호	
실습지도자		실습지도교수	

1. 일반적 사항
   (1) 실습기간 : _______년 _______월 _______일부터
   _______년 _______월 _______일까지 총 _______일
   (2) 업무시간 : 주 _______일 근무, _______시부터 _______시까지
   (3) 대학 실습세미나 시간 : _______요일, _______시부터 _______시까지
   (4) 결석에 대한 조치

2. 실습의 목적과 목표
   (1) 목적
   (2) 목표

3. 실습생의 의무와 책임

4. 실습지도자의 의무와 책임

5. 실습지도교수의 의무와 책임

상기 사항을 성실하게 이행하여 실습을 진행하도록 하겠습니다.

년 월 일

실 습 생 _______인
실습지도자 _______인
실습지도교수 _______인

〈참조〉 실습목표에 주로 나오는 내용 제시

내 용	세부목표	목표성취	전략 평가
전문적 발달	• 사회복지사로서의 정체감 형성, 개인적, 전문적 성장 • 자기인식 • 사회복지의 가치 및 철학 형성 • 윤리적 사명감	• 사회복지사로서 나의 강점과 약점을 파악한다. • 나의 편견과 고정관념에 대한 항목을 작성한다. • 실습기간 동안 학습한 부분에 대하여 평가서를 작성한다.	• 작성 여부 • 작성한 내용에 관하여 실습지도자와 논의
행정적 측면	• 기관 구조의 이해 • 전체 프로그램의 이해	• 기관분석보고서를 작성한다. • 사업계획서를 읽고 각 사업의 특성을 비교, 분석한다. • 사업을 담당하는 사회복지사와의 면담을 통해서 사업현황과 문제점을 파악한다.	• 작성 여부 • 작성한 내용에 관하여 실습지도자와 논의
지역 사회 정책	• 지역사회에 대한 이해 • 지역사회복지서비스 전달체계의 이해 • 사회복지정책 이해	• 지역사회분석 보고서를 작성한다. • 지역사회의 사용가능한 자원 목록을 작성한다. • 기관에 영향을 미치는 사회복지정책에 대해서 학습한다.	• 작성 여부 • 작성한 내용에 관하여 실습지도자와 논의
기본적 대인 관계	• 대인인관계적 의사소통 기술 습득 • 실습지도자, 동료, 직원과의 관계 기술 습득	• 집단과제를 실시한다. • 티타임을 가짐으로써 그날의 일들에 관해 토론하고 어려운 점을 나눈다.	• 실시 여부
클라이언트 체계 개입	• 계획, 실행, 평가 기술 습득 • 인간행동과 다양성에 관한 지식 습득 • 면접 및 사정 기술 습득 • 의뢰, 사례관리, 옹호 기술의 습득	• 사회복지실천론 책을 읽고 요약한다. • 면담과정을 관찰한다. • 클라이언트의 가정방문을 한다. • 집단활동프로그램을 계획, 실행, 평가한다.	• 작성 여부 • 작성한 내용에 관하여 실습지도자와 논의

[실습생 5] 개인정보 제공 동의서

개인정보 제공 동의서(실습지원 신청자)

개인정보보호법 22조에 따라 실습지원 신청자의 개인정보 처리에 동의를 요청합니다. 동의자 성명과 서명을 작성해 주시기 바랍니다.

– 다 음 –

○ 제공하려는 개인정보의 항목과 목적

구분	항 목	목 적
1	이름, 생년월일	• 지원자 본인식별 절차에 이용
2	전화번호(핸드폰 번호 포함)	• 공지사항, 지원 관련 서비스 정보제공 등
3	자격 확인을 위한 사항(전공학과 등)	• 지원자격 확인
4	본인의 봉사활동, 실습 활동사항	
5	실습생 프로파일	• 실습생 선정 참고자료로 활용

○ 세부내용

1. 본인은 귀 복지관에서 시행하는 아래와 같은 내용에 정보가 활용되는 것에 동의합니다.
   - 복지관 실습지원 시 서류 면접에서 면접관에게 정보 제공

2. 본인은 아래의 개인정보 제공 내용에 동의합니다.
   가. 이용자가 제공하는 정보 내용 : 이름, 연락처(핸드폰 번호, 집 전화번호), 주소, 이메일, 학교 등
   나. 개인정보의 보유 및 이용기간 : 개인정보 보유와 이용기간은 동의자의 거부 요청이 있을 시까지 유효함

2020년 월 일

동의자 : ________________ 서명 또는 인

[실습생 6] 실습일지

실 습 일 지

■ 실습생명 :		■ 날 짜 : 2020년 월 일 요일		
오늘의 목표				
실습 일과표	시간	활 동	진행내용	비고
슈퍼비전 내용	교육, 행정, 지지 측면에서의 슈퍼비전 기록(구분은 하지 않아도 됨)			
소감과 평가				
질문 사항과 제언				
■ 실습지도자 의견				

***종합사회복지관

※ 유의사항 (작성 이후 삭제)

– 가능한 한 2장을 넘지 않게 작성하고 출근 즉시 제출

– 내용은 사실에 입각하여 문어체로 작성

[실습생 7] 실습목표

실 습 목 표

■ 실습생명 :

목표 측면	세 부 목 표 (측면당 1~2개 정도)	목표성취 전략들 (목표성취를 위한 구체적 실행방안, 과제)	평 가 (달성도 평가방법) 어떠한 방법, 결과로 달성한 것을 알 수 있는가?
전문적 발달 측면의 목표 (사회복지사로서 정체감형성, 개인적 전문적 성장, 자아인식, 가치와 철학, 윤리적 사명감 등)			
행정 측면의 목표 (기관운영, 전체 프로그램, 조직, 관리, 기관구조 파악 등)			
지역사회·정책 측면의 목표 (지역사회에 관한 지식, 지역사회복지서비스전달 체계의 지식, 사회복지정책 등)			
기본적 대인관계 기술측면의 목표 (대인관계 의사소통기술, 슈퍼바이저와 동료, 직원들과 관계기술 등)			
클라이언트 체계개입기술 측면의 목표 (계획, 실행, 평가기술, 인간행동과 다양성 지식의 적용, 면접과 사정기술, 실천기술, 의뢰, 사례관리, 옹호기술, 자원동원)			

***종합사회복지관

실습목표 참고자료

■ 실습생명 :

목표 측면	내 용	중요도	우선도	숙련도
전문적 발달 측면	1) 사회사업 가치와 윤리에 대한 사명감 : 전문직 가치, 윤리의 내면화와 증진			
	2) 인간의 다양성 존중 : 특성, 문화, 계층이해와 수용			
	3) 사회, 경제정의 증진의 사명감 : 사회적 약자에 대한 인식, 개선을 위한 노력			
	4) 자기인식 : 자신의 강점, 약점 파악, 전문가로서 자신 이해			
	5) 전문성 성장에 대한 책임감			
	6) 자신의 실천 활동에 대한 효과성 평가			
행정적 측면	7) 기관사명, 비전 이해 : 기관철학, 사명, 목적			
	8) 기관구조 파악 : 구조분석, 역동성 분석			
	9) 조직 내에서 기능하는 능력 : 업무책임, 역할숙지, 업무 계획			
	10) 기록 유지와 기록 활동 : 기록 방법과 기록 피드백			
정책적 측면	11) 관련 사회복지정책 : 기관과 직무 관련 정책			
	12) 지역사회에 대한 이해 : 지역과 자원조사			
	13) 서비스전달체계 이해 : 서비스 연계망 활용, 지역사회 내 관련 조직과 관계 등			
	14) 인적, 물적, 자원개발과 관리 : 모금, 홍보, 매체활용, 자원봉사자 개발과 관리			
대인관계 측면	15) 대인관계 의사소통기술			
	16) 동료와의 관계기술			
클라이언트 체계개입 측면	17) 인간행동, 다양성에 관한 지식 적용			
	18) 클라이언트 면접 기술			
	19) 클라이언트 사정 기술			
	20) 평가와 종결 기술			
	21) 집단에 개입기술			
	22) 의뢰과 사례관리 기술			
	23) 옹호 활동 기술			
	24) 프로그램 계획, 실행, 평가기술			

***종합사회복지관

[실습생 8] 실습기관 분석 보고서

실습기관 분석 보고서

<table>
<tr><td>실습생명</td><td></td><td>기관명</td><td></td></tr>
<tr><td>기관주소</td><td colspan="3">(전화 :)</td></tr>
<tr><td>기관소개자</td><td colspan="3">(부서 : 직책 :)</td></tr>
</table>

1. 기관의 역사
   (1) 기관 설립동기 및 설립목적
   (2) 기관 사업의 역사적 변천
   (3) 기관 역사에 대한 실습생의 평가

2. 기관의 목적

3. 기관의 주요 사업 및 프로그램
   (1) 클라이언트 및 대상 지역
   (2) 주요 사업
   (3) 서비스 전달체계
   (4) 기관의 대상층 및 주요 사업에 대한 실습생의 평가

4. 기관의 행정사항
   (1) 기관의 조직구조
   (2) 예산, 후원 및 지원사항
   (3) 기관의 행정구조와 예산 사용 및 후원에 대한 실습생의 평가

5. 기관이 속한 지역사회, 물리적 환경의 특징
   (1) 지역사회
   (2) 물리적 환경(시설, 공간 등)

6. 사회복지기관으로서 지역 내 타 기관들과의 연계
   (1) 관계유형 및 내용
   (2) 기관의 타 기관과의 관계유지에 대한 실습생의 평가

7. 기관의 특별한 면이나 전반적인 사항에 대한 인상이나 느낌

[실습생 9] 기관방문 분석 보고서

기관방문 분석 보고서

실습생명		방문기관명	
기관소재지	(전화:)		
기관소개자	(부서 : 직책 :)		

1. 기관방문목적

2. 기관방문을 위한 질의사항과 응답 정리

3. 기관방문을 통해 알게 된 지식

〈검토할 사항 예시〉
1. 기관의 역사
  (1) 기관 설립동기 및 설립목적
  (2) 기관 사업의 역사적 변천과 연대별 중점사업
  (3) 기관 산하기관
  (4) 기관 역사에 대한 실습생의 평가
2. 기관의 목적
3. 기관의 주요 사업과 프로그램
  (1) 클라이언트와 대상 지역
  (2) 주요 사업
  (3) 서비스 전달체계
  (4) 기관의 대상층과 주요 사업에 대한 실습생의 평가
4. 기관의 행정사항
  (1) 기관의 조직구조
  (2) 예산, 후원과 지원사항
  (3) 기관의 행정구조와 예산 사용 및 후원에 대한 실습생의 평가
5. 기관이 속한 지역사회, 물리적 환경의 특징
  (1) 지역사회
  (2) 물리적 환경(시설, 공간 등)
6. 사회복지기관으로서 지역 내 타 기관들과의 연계
  (1) 관계유형과 내용
  (2) 기관의 타 기관과의 관계유지에 대한 실습생의 평가
7. 기관의 특별한 면이나 전반적인 사항에 대한 인상이나 느낌(강점/ 질문)

[실습생 10] 사례관리 계획서

사례관리 계획서

실습생명 :

클라이언트명		성 별		조사일	
주 소		전화번호		작성일	
직 업		학 력		연 령	
의뢰경위		경제상태	□ 일반 □ 저소득 □ 수급자		

1. 일반적인 사항
 – 가족상황, 경제상황, 건강상황, 일상생활 및 주거상황, 사회심리적 상황, 자원활용상황

2. 클라이언트에 관한 사항
 – 신체, 인지, 정서, 행동기능면/ 클라이언트의 강·약점

3. 욕구진술

4. 개입계획

욕 구	결과목표	세부목표	표적체계	개입전략 및 수행방법	비고 (역할분담 등)

5. 서비스 일정표

날짜	담 당	서비스 목표	서비스 내용	준비물	비고

[실습생 11] 사례관리 진행일지

사례관리 진행일지(회)

클라이언트명		실습생명	
일 시		장 소	

1. 목표 및 내용

결과목표	하위목표	서비스목표	서비스내용

2. 과정기록

3. 평가

1) 목표달성 및 서비스 평가

2) 클라이언트에 대한 평가

3) 사례개입에 대한 자신의 역할 평가

4. 계획

[실습생 12] 사례관리 종결기록서

사례관리 종결기록서

클라이언트명	
실습생명	
서비스제공기간	

1. 제공된 서비스

2. 사례관리 목표 달성 정도

3. 사후지도 계획

[실습생 13] 집단지도 계획서(소집단용)

집단지도 계획서(소집단용)

집 단 명		집단지도자(실습생)명	
대 상		성원수	
기 간		장 소	

1. 실시 배경

2. 목적

3. 목표

결과목표 1		결과목표 2	
하위목표 1-1		하위목표 2-1	
하위목표 1-2		하위목표 2-2	

4. 목표 관련 지도 내용 및 구체적 수행방법

결과목표	하위목표	지도 내용	수행방법	비 고

5. 평가계획

평가지표	
평가도구	
평가방법	

6. 회기별 일정표

횟수	일시	목 표	내 용	준비물

7. 예산

[실습생 14] 집단과정 일지(소집단용)

과 정 기 록 서

결재	담당	팀장	부장	관장
			전결	

일 시		회 기	
프로그램명		장 소	
참여자		진행자	
목표 및 세부목표			
집단 진행요약	시간	프로그램 내용	사회복지사의 역할
과정기록	[도입] [진행] [종결]		
지도자의 의도적 개입			
집단 구성원의 반응			
총 평			
비 고			

[실습생 15] 집단의 개별회원 분석표(소집단용)

집단의 개별회원 분석표[1](소집단용)

회원명		집단명	
회원수		집단지도자(실습생)	

집단의 목표	
개인의 목표	

회기	날짜	참석여부 /참석인원	개인의 변화정도 및 내용	참여도	지도자와의 관계	타회원과의 관계
1		/				
2		/				
3		/				
4		/				
5		/				
6		/				
7		/				

<종합평가>

1) 모든 집단지도 상황에서 활용되어야 하는 것은 아니며, 집단과정에서 개인의 변화를 민감하게 기록할 필요가 있을 경우에 활용할 수 있음

[실습생 16] 집단 종결 기록서(소집단용)

집단 종결 기록서(소집단용)

집단명		집단지도자(실습생)명	
집단진행 날짜		집단활동 장소	
전체 진행 회기수		출석율	
주유 진행사항			

1. 회원의 평가
   1) 운영면
      (1) 프로그램 진행평가
      (2) 집단 참여 태도
   2) 프로그램 내용
   3) 목표달성
   4) 다음 프로그램에 대한 의견
   5) 지도자에 대한 평가

2. 지도자(실습생)의 평가
   1) 집단의 특징
   2) 회원의 참여도
   3) 집단성원에 대한 개별화의 정도
   4) 집단역동의 활용 정도
   5) 집단에 대한 발달단계분석

구 분	초 기	중 기	말 기
참여도			
개인의 변화			
지도자와의 관계			
타 회원과의 관계			
기타( )			
기타( )			

[실습생 17] 프로그램 계획서(대집단 및 지역사회복지)

프로그램 계획서(대집단 및 지역사회복지)

프로그램명		지도자(실습생)명	
대 상		참여자 수	
기 간		장 소	

1. 프로그램 실시 배경(필요성, 이론적 배경 포함)

2. 프로그램 목적

3. 프로그램 목표

결과목표 1		결과목표 2	
하위목표 1-1		하위목표 2-1	
하위목표 1-2		하위목표 2-2	

4. 목표 관련 지도 내용 및 구체적 수행방법

결과목표	하위목표	지도 내용	수행방법	비 고

5. 평가계획

평가지표	
평가도구	
평가방법	

6. 회기별 일정표

횟수	일시	목 표	내 용	준비물

7. 예산

8. 기대효과

[실습생 18] 프로그램 평가서(대집단 및 지역사회복지)

프로그램 평가서

프로그램명		지도자(실습생)명	
대　　상		참여자 수	
기　　간		장　　소	

1. 프로그램 목적 및 목표달성 평가

결과목표	하위목표	달성 정도	평가 근거	의 의

2. 프로그램 과정 평가

1) 준비과정

2) 진행과정

3) 종결 및 정리과정

3. 프로그램 만족도 평가

4. 예산평가

5. 추후 프로그램을 위한 제언

[실습생 19] 사회복지정책 분석 보고서(정책개발 및 평가)

사회복지정책 분석 보고서

○ 분석자(실습생)명 :

정 책 명	
관련법규/ 지침	
주무부서	

1. 문제제기 및 분석목적

2. 분석한 정책의 주요 내용

3. 자료수집 및 분석방법

4. 분석결과 논의
   4.1. 정책목표분석
   4.2. 정책이 추구하는 가치 분석
   4.3 급여대상 분석
   4.4 급여의 적절성 분석
   4.5 급여의 전달체계 분석
   4.6 재정 분석

5. 관련정책과 관련한 주요 이해당사자의 입장 분석

6. 분석한 정책의 개선방향 및 전망

7. 총평

[실습생 20] 사회행동, 옹호활동 보고서(사회행동)

사회행동, 옹호활동 보고서

○ 분석자(실습생)명 :

구 분	요약 제시
사회행동명	
활동 목적	
참여자	
대상 집단	
옹호 대상	

1. 문제제기 및 활동목적

2. 참여자의 특성

3. 대상 집단의 특성

4. 옹호집단의 특성

5. 주요 활동경과

6. 활동전략분석

   6.1 대상 집단을 이기기 위한 힘을 얻기 위한 전략

   6.2 합법성을 확보하기 위한 전략(법적 행동 포함)

   6.3 타 조직과 협력하는 전략

   6.4 전술을 연결시키는 전략

   6.5 협상을 전개하는 전략

   6.6 홍보 및 언론활용 전략

7. 향후 행동 전략 제안

[실습생 21] 홍보기획서

사회복지기관(사업) 홍보기획서

○ 기획자(실습생)명 :

1. 상품(홍보하려는 기관이나 사업)의 특성 분석
(상품의 내용, 경쟁기관이나 사업의 존재 여부 등)

2. 유치하려는 소비자 집단의 특성별 구분

3. 대상별 소비자에게 호소하기 위한 전략
(담당, 장소, 방법 등을 일목요연하고 자세히 제시)

4. 홍보일정

5. 홍보예산

6. 첨부
(보도 자료, 광고전단, 안내지 자료, 홈페이지 자료 등)

[실습생 22] 개별면접 일지

개별면접 일지

실습생명		면접날짜와 시간	
클라이언트		면접 장소	

1. 면접 준비과정

2. 면접목표

1) 2)

3. 과정기록 및 분석

면접내용	실습생 분석	실습지도 내용

* 주요한 면접장면에 대해서는 대화체의 기록을 직접 인용하는 것이 권장됨
* 면접자의 의도적인 개입, 언어적·비언어적 의사소통 모두에 주의하여 기록할 것
* 상기 내용이 포함된다면, 기관 상황과 면접 상황에 맞추어 별도 양식 활용 가능

4. 면접목표 달성에 대한 평가

5. 실습생 의견

6. 다음 면접 계획

[실습생 23] 가족상담 기록서

가족상담 기록서

클라이언트 (IP)		성별		연령	
날짜		장소		총회수/ 시간	
실습생명				실습지도자	

1. 의뢰과정

2. 문제 상황에 대한 가족의 정의

3. 가계도

4. 가족생태도 : 가족의 하위체계 간 관계 등 기록

5. 가족의 사회자원망

6. 가족생활주기

7. 가족사정 및 이론적 근거

8. 개입 목표와 개입 전략

9. 개입 내용 정리

회 기	내 용	주요 질문과 내담자의 반응

10. 평가 및 사후관리계획

[실습생 24] 사회조사 계획서

사회조사 계획서

조 사 주 제	
조사/ 분석일	
조사자(실습생)명	

1. 문제제기 및 조사문제의 제시
   1.1. 문제의 기술
   1.2. 검토될 조사문제에 대한 진술
   1.3. 문제의 중요성과 조사 필요성 제시

2. 조사와 관련한 문헌자료 검토
   2.1. 이론적 역사적 관점
   2.2. 문헌에서 파악된 차이점들 검토

3. 조사방법 제시
   3.1. 조사설계와 자료수집절차
   3.2. 표집설계
   3.3. 대상에 대한 기술
   3.4. 측정방법 기술
   3.5. 자료분석 절차

4. 예산

5. 기타 필요한 사항

6. 부록(관련 참고문헌, 설문지 등 필요한 자료를 첨부할 수 있음)

[실습생 25] 사회조사 진행일지

사회조사 진행일지

조 사 주 제	
진 행 일	
조사자(실습생)명	

1. 조사 진행 단계 기록

2. 조사과정에서 보완되어야 할 사항 기록

3. 추후 조사 진행 계획

[실습생 26] 사회조사 분석평가서

사회조사 분석평가서

조 사 주 제	
진 행 일	
조사자(실습생)명	

1. 문제제기 및 조사문제의 제시
   1.1. 문제의 기술
   1.2. 검토될 조사문제에 대한 진술
   1.3. 문제의 중요성과 조사 필요성 제시

2. 조사와 관련한 문헌자료 검토
   2.1. 이론적 역사적 관점
   2.2. 문헌에서 파악된 차이점들 검토

3. 조사방법 제시
   3.1. 조사 설계와 자료수집절차
   3.2. 표집설계
   3.3. 대상에 대한 기술
   3.4. 측정방법 기술
   3.5. 자료분석 절차

4. 조사결과 제시
   4.1. 기술적 분석
   4.2. 인과적 분석

5. 논의점
   5.1. 밝혀진 사항에 대한 설명
   5.2. 실천에의 함의
   5.3. 평가의 한계와 약점

6. 참고문헌

7. 부록(설문지 외 조사와 관련된 주요 자료 첨부)

[실습생 27] 지역탐방 보고서

지역탐방보고서

○ 조사자(실습생)명 :　　　　　　　　　　○ 지역소개자 :

1. 탐방지역

2. 지역의 주요 사회지표 제시

3. 지역의 인구사회학적 특성

4. 지역의 사회경제학적 특성

5. 지역의 사회복지기관 및 자원 탐색

6. 필요하거나 보완되어야 할 사회복지서비스 제안

7. 결론

8. 첨부(관련 지도를 비롯한 탐방보고서 작성에 참조한 자료를 첨부할 수 있음)

[실습생 28] 실습 중간평가서

실 습 중 간 평 가 서

실습생명		실습분야	
실습기간		실습지도자	

1. 실습목표와 관련된 실습내용 및 역할에 대한 평가

   1) 수행한 실습내용과 역할 요약

주 차	실습내용	실습생 역할

   2) 개인별 실습목표 점검

측 면	목 표	연관성	목표수정
전문적 측면			
행정적 측면			
지역사회·정책적 측면			
기본적 대인관계 측면			
클라이언트 체계개입 측면			

   3) 앞으로의 계획

2. 실습에 임한 자세 및 노력 평가

   1) 업무관리와 과제수행

   2) 기본적인 태도

   3) 실습생과 슈퍼바이저 관계

3. 실습에서 배운 점

4. 앞으로 더 필요한 지식과 기술
   1) 필요한 지식과 기술
   2) 선택 이유

5. 실습에서 어려웠던 점

6. 기관과 실습지도자에게 건의할 점

[실습생 29] 실습 종결평가서

실 습 종 결 평 가 서

실습생명		실 습 분 야	
실습기간		실습지도자	
실습평가일		실습지도교수	

1. 실습일정에 대한 평가

2. 실습내용과 역할에 대한 평가

3. 실습목표에 대한 평가(개인별 실습 목표 근거)
   1) 구체적이고 적절한 목표 설정 여부
   2) 목표의 달성 여부

구분	실습목표	실습내용과 역할	과정평가 (실습내용과 역할 관련 평가)	결과평가 (성취도)
1				
2				
3				

4. 서비스 실천과정에 대한 평가/ 정책과 행정 실습에 대한 평가
   1) 문제 파악과 자료수집 능력/ 문제 인식 능력
   2) 문제 사정 능력/ 문제 분석 능력
   3) 개입 기술/ 문제 해결을 위한 대안제시 능력
   4) 면접 기술/ 기존 지식과 정보의 사용 능력
   5) 기록 기술/ 기록 기술
   6) 클라이언트와 전문적인 관계형성/ 유관기관과 관련된 사람들과 전문적인 관계형성

5. 실습생의 자원 활용에 대한 평가(인적, 물적자원)
   1) 기관 외 자원 활용
   2) 실습과 관련된 참고 서적 활용

6. 실습에 임하는 자세에 대한 평가
   1) 업무관리
      (1) 시간 준수, 과제 제출
      (2) 주어진 일에 대한 업무 조절 능력
   2) 직원과 관계(실습지도자, 타 직원, 타 전문직 직원)
   3) 다른 실습생과 관계
   4) 자원 활용(기관 외 자원 활용/참고서적 활용)
   5) 실습에의 적극성과 자발성

7. 전문적 태도에 대한 평가
   1) 사회복지사로서 실습생 자신의 장·단점 인식
   2) 전문가로서 윤리와 가치관의 이행

8. 실습지도 활용 정도에 대한 평가
   1) 실습생 자신의 실습지도 활용 정도에 대한 평가
      (1) 기관 실습지도
      (2) 대학 실습지도
   2) 실습지도 자체에 대한 평가
      (1) 기관 실습지도
      (2) 대학 실습지도

9. 기관 이해도에 대한 평가
   1) 실습생의 과업과 관련된 기관의 목적, 정책, 행정 절차에 대한 이해
   2) 실습생으로서 기관 내 권한과 한계에 대한 인식

10. 실습 중 가장 유익했던 내용

11. 실습 중 가장 만족도가 떨어졌던 내용

12. 실습기관, 실습지도자, 대학에 건의사항

13. 기타 하고 싶은 말

[실습생 30] 사회복지현장실습확인서

※ 실습생은 졸업 후 사회복지사 자격증 신청 시 성적증명서와 함께 제출해야 함

<table>
<tr><td colspan="5">사 회 복 지 현 장 실 습 확 인 서</td></tr>
<tr><td rowspan="3">실습생 인적 사항</td><td>성명</td><td></td><td>생년월일</td><td></td></tr>
<tr><td>전화번호</td><td></td><td>휴대전화</td><td></td></tr>
<tr><td>학교/ 학과명</td><td></td><td>실습지도교수 성명</td><td></td></tr>
<tr><td rowspan="8">실습 기관</td><td>실습기관명</td><td></td><td>실습기관등록번호</td><td></td></tr>
<tr><td>주소</td><td>※'도로명 주소'로 기입해 주세요.</td><td>전화번호</td><td></td></tr>
<tr><td>실습기간</td><td colspan="3">년 월 일부터 ~ 년 월 일까지</td></tr>
<tr><td>실습시간</td><td colspan="3">총 시간 (매주 요일부터 ~ 요일까지, 1일 시간)</td></tr>
<tr><td>실습 지도자명</td><td></td><td>사회복지사 자격번호 (취득일)</td><td>제 - 호
(. . .)</td></tr>
<tr><td colspan="2">실습지도자 경력기간</td><td>기관명</td><td>담당 업무</td></tr>
<tr><td colspan="2">년 월 일 ~ 년 월 일</td><td></td><td></td></tr>
<tr><td colspan="2">년 월 일 ~ 년 월 일</td><td></td><td></td></tr>
<tr><td colspan="5">위와 같이 실습 내용을 확인합니다.
년 월 일
실습지도자 : (서명 또는 인)
실 습 기 관 : (직인)

년 월 일
실습지도교수 : (서명 또는 인)

한국사회복지사협회장 귀하</td></tr>
<tr><td colspan="5">※ 실습기관 등록번호는 한국사회복지사협회 사회복지현장실습 등록시스템에 "실습기관으로 등록한 기관"만 확인 가능합니다. 실습기관등록 확인 : http://lic.welfare.net
※ 허위사실 기재로 판명될 경우 자격증 발급이 되지 않을 수 있습니다.</td></tr>
<tr><td colspan="5"></td></tr>
<tr><td colspan="5">○ 사회복지현장실습에 관한 기준(사회복지사업법 시행규칙 제3조 관련 [별표1])
가. 실습기관 : 법 제2조 제1호에 따른 사회복지사업과 관련된 법인·시설, 기관 및 단체로 한다.
나. 실습지도자 : 사회복지사 1급 자격증을 소지한 자로서 3년 이상 또는 사회복지사 2급 자격증을 소지한 자로서 5년 이상 사회복지사업의 실무경험이 있는 자가 실습을 지도하여야 한다.
다. 실습시간 : 현장실습시간은 160시간 이상으로 한다.
※ 위의 <u>법적 기준은 모두 충족해야 하며, 미충족 시 자격증 취득이 불가능 합니다.</u></td></tr>
<tr><td colspan="5"></td></tr>
<tr><td colspan="5">※ 홈페이지(http://lic.welfare.net)에서 "사회복지현장실습 확인서 작성 예시" 참고 요망</td></tr>
</table>

〈현장실습확인서 작성예시〉

현장실습확인서 작성요령

- **[성명·주민등록번호]**
  자격증빙서류의 성명·주민번호와 일치하게 기입

- **[실습기관명]** 실습기관명을 정확하게 기입
- **[실습기간] 실제 실습을 진행한 날짜** 기입
- **[실습시간] 실제 실습의 총 시간** 기입
- **[실습지도자명·사회복지사 자격번호] 실습지도자명과 실습지도자의 자격번호, 취득일** 정확하게 기입
- **[실습지도자경력기간]** 실습지도자의 **자격증 취득 후 전체 사회복지관련경력**을 상세히 기입(**전직기관&현직기관**)

- **[실습지도자]** 실습지도자명 기입 후 **도장**
- **[실습기관]** 실습기관명 기입 후 기관 **직인**

<개정 2010. 07. 기준>

사회복지현장실습확인서

실습생 인적 사항	성명	홍길동	주민등록번호	123456 - 7891011
	주소	서울시 용산구 한강로3가 16-88 GS한강에클라트 202호		
	전화번호	02-123-1234	휴대전화	010-1234-1234
	학교/학과명	한국대학교/사회복지학과	실습지도교수명	강부자
실습 기관	실습기관명	한국종합사회복지관	전화번호	02-1111-2222
	주소	서울시 용산구 한강로3가 16-88 GS한강에클라트 203호		
	실습기간	2010년 1월 1일 부터 - 2010년 2월 5일 까지		
	실습시간	총 120시간 (매주 월요일부터 - 금요일까지, 1일 8시간)		
	실습내용	클라이언트 intake, 상담, 집단 프로그램 진행 등		
	실습지도자명	이순재	사회복지사 자격번호 (취득일)	1-01234 (1995. 1. 1)
	실습지도자 경력기간		담당 업무	
	95년 1월 1일 ~ 00년 12월 31일		대한종합복지관 지역사회조직 팀장	
	01년 1월 1일 ~ 현재		한국종합사회복지관 지역사회보호 부장	
	년 월 일 ~ 년 월 일			

위와 같이 실습 내용을 확인합니다.

2010. 7. 1

실습지도자 : 이순재 (인)

위의 내용이 사실임을 확인합니다.

2010. 7. 1.

실습기관 : 한국종합사회복지관 (직인)

한국사회복지사협회장 귀하

※ 기관방문이나 자원봉사 활동 등은 사회복지현장실습에 포함되지 않습니다.
※ 허위사실 기재로 판명된 경우 관계기관에 의해 처벌받을 수 있습니다.

< 사회복지현장실습 기준 >

○ 실습기관 : 법 제2조제1호에 따른 사회복지사업과 관련된 법인·시설, 기관 및 단체로 한다.

○ 실습지도자 : 사회복지사 1급 자격증을 소지한 자로서 3년 이상 또는 사회복지사 2급 자격증을 소지한 자로서 5년 이상 사회복지사업의 실무경험이 있는 자가 실습을 지도하여야 한다.

○ 실습시간 : 현장실습시간은 120시간 이상으로 한다.

[실습생 31] 사회복지현장실습평가서

실 습 평 가 서

기 관 명		실습지도자	
실습부서		실습지도교수	
실습기간			
실 습 생		평가일시	

[항목별 평가]

(1점 : 매우 그렇지 못하다 ~ 5점 : 매우 그렇다)

항목	내 용	1	2	3	4	5
실습 지도에 대한 태도	1. 실습지도 시간을 엄수한다.					
	2. 적극적이고 긍정적인 자세로 실습지도에 참여한다.					
	3. 실습지도에서 제시한 내용을 수용한다.					
	4. 배우는 입장에서 진지하게 노력하고 발전하려는 태도를 갖는다.					
	5. 실습지도자와 실습생으로서 공식적 관계를 형성한다.					
기관 이해와 관계 유지	6. 동료실습생과 긍정적이고 원만한 협력 관계를 유지한다.					
	7. 기관의 목적, 정책, 규칙, 사업내용을 이해한다.					
	8. 기관 내에서 실습생으로서 권한과 한계를 알고 일한다.					
	9. 기관 내 타 직원과 협조적인 대인관계를 형성, 유지하여 업무를 처리한다.					
기본 태도와 자질	10. 일의 우선순위를 결정하는 능력이 있다.					
	11. 할당된 시간 안에 일을 계획하고 수행한다.					
	12. 자신의 장점과 단점을 잘 인식하고 대응한다.					
	13. 사회복지실천 지식을 실습내용에 적용한다.					
	14. 사회복지실천의 가치와 윤리를 갖고 임한다.					
	15. 전문가로서 편견, 선입견, 고정관념을 인식하고 객관성을 유지한다.					
	16. 실습지도 내용을 실행에 옮긴다.					
	17. 실습과정을 책임감 있게 수행한다.					
기 록	18. 기록, 보고서 등을 정해진 일시에 제출한다.					
	19. 실습내용을 사실에 근거하여 정확하게 기록한다.					
	20. 실습내용을 체계적이고 구체적으로 기록한다.					
	21. 클라이언트와 상호작용 및 실습생의 사고와 감정을 기록한다.					
	22. 실습지도에서 지적된 사항과 배운 것을 정확히 기록한다.					

항목	내 용	1	2	3	4	5
전문적 태도와 관계 형성	23. 클라이언트와 전문적 관계를 형성하고 활용한다.					
	24. 전문적 관계형성에서 동정과 감정이입을 구별하여 적용한다.					
	25. 주변의 자원을 파악하고 그것을 활용하려고 노력한다.					
	26. 비심판적이며 경청과 수용의 태도를 갖는다.					
	27. 클라이언트의 능력과 동기의 한계를 수용한다.					
	28. 실습지도자가 지시한 것을 잘 파악하여 실행에 옮긴다.					
개인에 대한 개입	29. 클라이언트가 표현한 의사소통과 암시적인 의사소통을 이해한다.					
	30. 실습생이 의도한 바를 클라이언트에게 명확하게 전달한다.					
	31. 클라이언트의 문제와 상황에 관련된 정확한 자료를 수집한다.					
	32. 수집된 자료를 체계적으로 종합하고 이론에 기초하여 사정한다.					
	33. 클라이언트 가족 등 주변의 지지자원을 활용한다.					
	34. 클라이언트와 환경의 상호역동성의 이해아래 개입목표와 전략을 수립한다.					
	35. 개입목표에 따라 클라이언트의 긍정적인 변화를 유도한다.					
가족에 대한 개입	36. 가족의 역동성을 파악하고 가족상황에 관련된 정확한 자료를 수집한다.					
	37. 가족의 구조를 명확히 이해하여 필요한 가족개입의 기술을 활용한다.					
	38. 가족의 상호역동성의 이해 아래 개입목표와 전략을 수립한다.					
	39. 가족 구성원을 개별화하고 성원들이 긍정적으로 변화하도록 유도한다.					
집단에 대한 개입	40. 집단 역동을 파악하여 의미 있는 개입으로 집단을 지도한다.					
	41. 집단에서 주 진행자와 보조진행자의 의미와 역할을 알고 실천한다.					
	42. 집단의 구조를 명확히 하고 필요한 집단지도의 기술을 활용한다.					
	43. 집단 성원을 개별화하고 성원 간 의미 있는 관계를 형성하도록 한다.					
	44. 집단의 목적에 대해 정확히 사정한다.					
	45. 정확한 사정에 입각하여 적절한 프로그램을 계획하고 실행한다.					
	46. 집단의 상호작용이 목적 지향적이고 성원들이 긍정적으로 변화하도록 한다.					
지역 사회에 대한 개입	47. 지역주민들이 지역사회의 요구와 문제를 파악하도록 돕는다.					
	48. 파악된 지역사회요구를 사회행동으로 계획하고 실행한다.					
	49. 지역사회구조와 권력를 이해하고 그 지역사회 상황을 정확히 파악한다.					
	50. 지역사회자원을 정확히 파악하고 접근한다.					

<table>
<tr><th>항목</th><th>내용</th><th>1</th><th>2</th><th>3</th><th>4</th><th>5</th></tr>
<tr><td rowspan="5">정책
및
행정
분야</td><td>51. 정책형성 및 개선과 관련된 이해집단들의 문제 상황 및 요구와 정책발의자들 및 집행자들의 이해관계를 정확하고 객관적으로 이해한다.</td><td></td><td></td><td></td><td></td><td></td></tr>
<tr><td>52. 정책형성 및 개선과 관련된 이해집단과 건설적이고 전문적인 관계를 맺는다.</td><td></td><td></td><td></td><td></td><td></td></tr>
<tr><td>53. 문제 상황에 적합한 정책대안을 개발하는 데 적극적으로 참여한다.</td><td></td><td></td><td></td><td></td><td></td></tr>
<tr><td>54. 기본 정보를 정확히 사용하며 실증적인 자료분석의 지식을 갖고 문제를 분석한다.</td><td></td><td></td><td></td><td></td><td></td></tr>
<tr><td>55. 사회복지행정체계 및 전달체계에 대해 정확하게 이해한다.</td><td></td><td></td><td></td><td></td><td></td></tr>
<tr><td rowspan="5">기관
고유
항목*</td><td></td><td></td><td></td><td></td><td></td><td></td></tr>
<tr><td>이 하 여 백</td><td></td><td></td><td></td><td></td><td></td></tr>
<tr><td></td><td></td><td></td><td></td><td></td><td></td></tr>
<tr><td></td><td></td><td></td><td></td><td></td><td></td></tr>
<tr><td></td><td></td><td></td><td></td><td></td><td></td></tr>
</table>

<table>
<tr><td>총평</td><td colspan="5"></td></tr>
<tr><td>평가문항
개수</td><td colspan="2"></td><td>총점</td><td colspan="2"></td></tr>
<tr><td>평균
(5점 만점)</td><td colspan="5"></td></tr>
<tr><td rowspan="3">평점부여</td><td>A+</td><td>B+</td><td>C+</td><td>D+</td><td rowspan="3">□F</td></tr>
<tr><td>A0</td><td>B0</td><td>C0</td><td>D0</td></tr>
<tr><td>A−</td><td>B−</td><td>C−</td><td>D−</td></tr>
</table>

실습지도자 : (인)

기 관 장 : (인)

[실습생 32] 관련 공문서 양식

** 종합사회복지관

수신자 : 내부결재
(경 유) :
제 목 :

작성

1. 사 업 명 :
   가.
      1)
         가)
2.
3.
4. 소요예산 : 금숫자원(금원)

항 목	산출근거	계
		원
		원
합 계		원

5. 지출방법 :
6. 예산과목 :

붙 임 1.
2. . 끝.

담 당	팀 장	부 장	관 장

협조자
시 행)
주 소
전 화 전 송 전자우편 공개

*** 종 합 사 회 복 지 관

수신자 :
(경 유) :
제 목 :

---

1. 귀 ○○의 무궁한 발전과 아울러 번영을 기원합니다.

2.
  가.
    1)
  나.
  다.
  라.

붙 임 1.
2. . 끝.

***종합사회복지관장

담 당	팀 장	부 장	관 장

협조자
시 행 ( )
주 소
전 화 전 송 전자우편 공개

저/자/약/력

■ 조성심
서울여자대학교 대학원 사회복지학 석사
평택대학교 대학원 사회복지학 박사
전 순천향대학교 사회복지학과 겸임교수
한국학교사회복지사협회장
한국군사회복지협의회장
현 신한대학교 사회복지학과 부교수
신한대학교 학생상담센터장, 남북협력복지행정대학원 주임교수, 지역복지연구소장
한국군인성교육원장(국방부 사단법인)
의정부, 동두천양주교육지원청 교육복지자문교수

사회복지현장실습 매뉴얼

|저자| 조성심

|1판 1쇄| 발행 2020년 7월 30일
|1판 2쇄| 발행 2021년 8월 10일

|발행인| 김 동 훈
|발행처| 공 동 체

|주소| 경기도 고양시 일산동구 호수로 358-39, 동문타워 I 905호(백석동)
|전화| 031) 920-8305(대표)
|팩스| 031) 920-8308
|e-mail| compub@naver.com
|출판등록| 2005년 10월 6일
|등록번호| 제396-2005-36호

|ISBN| 979－11－6105－760－6
정가 16,000원